mario guastin.

a hora futurista
que passou...

Reprodução da capa original de *A hora futurista que passou* (São Paulo, Mayença, 1926), ilustrada por Ferrignac.

A HORA FUTURISTA QUE PASSOU

·PAULICÉA·

Coordenação Emir Sader
Conselho editorial Gilberto Maringoni
Ivana Jinkings
Nelson Schapochnik
Vladimir Sacchetta

A imagem de São Paulo se modifica conforme as lentes que utilizamos. O sonhado e o real, o desejado e o rejeitado, o vivido e o simbolizado, o cantado e o pintado, o desvairado e o cotidiano – múltiplas facetas de uma cidade-país – são retratados nesta coleção. São quatro séries, que buscam montar um painel das infinitas visões paulistas: Retratos (perfis de personalidades que nasceram, viveram ou eternizaram suas obras em São Paulo), Memória (eventos políticos, sociais e culturais que tiveram importância no estado ou na capital), Letras (resgate de obras – sobretudo de ficção – de temática paulista, há muito esgotadas ou nunca publicadas em livro) e Trilhas (histórias dos bairros da capital ou de regiões do estado).

Para tanto, foram selecionados autores, fenômenos e espaços que permitam a nosso olhar atravessar o extenso caleidoscópio humano desta terra e tentar compreender, em sua rica diversidade e em toda sua teia de contradições, os mil tons e subtons da Paulicéia.

MÁRIO GUASTINI

A HORA FUTURISTA QUE PASSOU

e outros escritos

Seleção, apresentação e notas
Nelson Schapochnik

·PAULICÉIA·

A HORA FUTURISTA QUE PASSOU
e outros escritos

Coordenação editorial	Ivana Jinkings
	Aluizio Leite
Editora-assistente	Ana Paula Castellani
Edição de texto	Leandro Antonio de Almeida (atualização ortográfica)
	Alexandra Costa da Fonseca, Mariana Echalar e Ana Paula Figueiredo (revisão)
Diagramação e tratamento de imagens	Gapp Design
Projeto de capa	Andrei Polessi
Montagem de capa	Antonio Kehl
	sobre capa original de A hora futurista que passou *(São Paulo, Mayença, 1926), ilustrada por Ferrignac*
Produção	Marcel Iha

CIP-BRASIL. CATALOGAÇÃO-NA-FONTE
SINDICATO NACIONAL DOS EDITORES DE LIVROS, RJ.

G952h

Guastini, Mário, 1884-1949
A hora futurista que passou e outros escritos / Mário Guastini ; seleção, apresentação e notas Nelson Schapochnik. - São Paulo : Boitempo, 2006
il.

Inclui bibliografia

ISBN 85-7559-074-X

1. Semana de Arte Moderna (1922 : São Paulo, SP). 2. Futurismo (Arte). 3. Modernismo (Literatura) - Brasil. I. Schapochnik, Nelson. II. Título.

06-4192.	CDD 700.981
	CDU 7.036(81)

1ª edição: dezembro de 2006

Todos os direitos reservados à:
BOITEMPO EDITORIAL
Jinkings Editores Associados Ltda.
Rua Euclides de Andrade, 27
Perdizes 05030-030 São Paulo SP
tel./fax 11 3872-6869 3875-7250
e-mail editor@boitempoeditorial.com.br
site www.boitempoeditorial.com.br

Sumário

Nota do organizador

Este volume dá continuidade ao projeto adotado na série Letras, da coleção Paulicéia, de reunir textos esparsos ou de reeditar obras há muito esgotadas que abordem temáticas paulistas, mas que despertam interesse geral. *A hora futurista que passou e outros ensaios* é uma coletânea composta pela reedição integral do livro homônimo publicado em 1926 e que reúne 25 artigos originalmente publicados no *Jornal do Commercio* (edição de São Paulo). Esta edição também conta com outros dez textos extraídos de *Na caravana da vida* (1939) e *Tempos idos e vividos* (1944) e que guardam afinidades temáticas com os demais ensaios, permitindo um registro das amizades e encontros com jornalistas, artistas e escritores que pontificaram no cenário cultural paulistano entre os anos 1920 e o início dos anos 1940.

A publicação deste conjunto de escritos de difícil acesso também foi motivada pela constatação de que Alfredo Mário Guastini é, na maioria das vezes, um autor ignorado pelos estudiosos dos modernismos. Salvo engano, Francisco Alambert Jr.,

Annateresa Fabris e Elias Thomé Saliba foram dos poucos pesquisadores que incorporaram títulos do autor nos seus respectivos trabalhos (cf. Bibliografia).

Do ponto de vista editorial, os textos foram submetidos a uma cuidadosa atualização ortográfica, com pequenas intervenções na pontuação. Adotou-se a padronização do emprego de maiúsculas, preservou-se a grafia de estrangeirismos e foram corrigidos erros de transcrição, revisão e impressão do original, sendo indicados no corpo das notas as alterações realizadas.

Na elaboração das notas, empregou-se como critério a elucidação das referências históricas indicadas nos artigos de Alfredo Mário Guastini, bem como aquelas dúvidas que remetem ao léxico. Sobre a primeira série de problemas, procurou-se desvendar as instituições e estabelecimentos mencionados, a contextualização histórica dos eventos e processos citados, personagens de fato e de ficção empregados pelo autor. Embora muitas vezes longas e espero que não triviais, estas biografias privilegiaram informações que possibilitam a compreensão do capital simbólico dos personagens e sua trajetória política, econômica e cultural. Já na segunda, foram arroladas as traduções de expressões estrangeiras e de excertos de referências literárias citadas no texto.

O organizador declara a mais pura gratidão ao dr. Fernando Guastini Neto, sobrinho-neto de Alfredo Mário Guastini, que não só autorizou a publicação como proporcionou algumas horas de prosa animada e instrutiva. Os amigos Antonio Dimas, Cristina Carletti, Francisco Alambert Jr., Gênese de Andrade, João Cezar de Castro Rocha, João Adolfo Hansen, Júlio Pimentel Pinto, Marcos Antonio de Moraes, Maria Itália Cousin, Paulo Knauss, Renato Ambrósio e Tania Regina de Luca também colaboraram com empréstimos, sugestões e dicas preciosas que ajudaram a esclarecer as muitas charadas presentes nas crônicas e ensaios de Mário Guastini. A Aluizio Leite fica um agradecimento especial pelo diálogo bem-humorado e pela leitura cuidadosa da primeira versão das notas, muitas e muitas vezes interrompida por aulas, viagens e outros compromissos acadêmicos inadiáveis. À marechala Ivana Ivanotchka Jinkings, que desde o início apoiou o projeto e conduziu com pulso firme todas as etapas da preparação deste livro.

Considerações mamalucas sobre o futurismo paulista

Malditos para sempre os Mestres do Passado! [...]
Que o Brasil seja infeliz porque vos criou!
Que a Terra vá bater na Lua arrastada pelo peso
dos vossos ombros! Que o Universo se desmantele
porque vos comportou!
E que não fique nada! nada! nada!

Mário de Andrade, "Mestres do passado"[1]

Não se deve rir de um poema dadaísta, caçoar
de um quadro cubista, e não se deve nunca dizer:
"não gosto". Não se gosta de arte moderna.
Gosta-se de empadinhas de camarão, de bombons,
de mulheres gordas, mas não se gosta de arte moderna:
compreende-se. Quem não compreende deve
ficar mudo, para evitar asneiras.

Rubens B. de Moraes, *Domingo dos séculos*[2]

Bi(bli)ografia

Salvo a pequena abonação de Afrânio Coutinho na *Enciclopédia de literatura brasileira*, as informações biográficas acerca de Alfredo Mário Guastini jazem no mais profundo esquecimento. Apesar de ter ocupado os cargos de diretor e redator-chefe do *Jornal do Commercio* (edição paulista), chefe

---

[1] Mário de Andrade, "Mestres do passado – VII: prelúdio, coral e fuga", *Jornal do Commercio* (edição de São Paulo), 1/9/1921, apud Mário da Silva Brito, *História do modernismo brasileiro*, p. 303.

[2] Rubens Borba de Moraes, *Domingo dos séculos*, p. 16.

de redação do *Estado de S. Paulo* e colaborador da revista feminina *Ella*, as histórias do jornalismo também são omissas sobre as atividades profissionais de Guastini. Nem mesmo o grupo familiar foi capaz de suportar o esgarçamento da memória e, assim, tudo o que restou da história de vida do autor das crônicas e dos ensaios reunidos neste livro são fragmentos, lampejos, citações e uma imensa obra dispersa.

Nascido em 24 de março de 1884, no sul de Minas, ele realizou seus estudos no tradicional Colégio de São Bento, na capital paulista. Embora nunca tenha exercido atividade advocatícia, cursou a também tradicional Faculdade de Direito do Largo São Francisco. Mas foi nas páginas da imprensa e nos bastidores da empresa jornalística que Alfredo Mário Guastini se notabilizou.

Os registros da vida boêmia, os laços de amizade e as lides da imprensa foram objetos de reminiscências líricas de dois perfeitos cariocas. Do amigo fraterno João do Rio, a quem Guastini registra a defesa irrestrita de sua conduta e refuta a maledicência com a qual se atribuía ao cronista carioca ser "teúdo e manteúdo dos cofres paulistas", ficaram algumas cartas. Nelas, podemos captar a gratidão para com as mediações de Guastini junto aos empresários e profissionais da imprensa, bem como algumas asserções sobre as penas de viver da própria pena. Freqüentador esporádico da Paulicéia, João do Rio confidenciava: "E não imaginas a imensa saudade daí, dessas noites de frio e de palestra, de camaradagem da [agência de notícias] Americana, do nosso querido Morse. Uma das coisas sinceras em mim é o amor que tenho a São Paulo"[3].

O outro carioca radicado em São Paulo que mencionou Guastini foi Emiliano di Cavalcanti, ilustrador de *O Pirralho*, diretor artístico da revista *Panóplia* e amigo dos "futuristas

---

[3] Carta de João do Rio para Alfredo Mário Guastini (1919), apud Mário Guastini, "João do Rio", *Tempos idos e vividos*, p. 10.

paulistas". Ao recordar-se da vida noturna paulista, do ritmo de trabalho da musa industrial e do clima de dissipação dos cafés, prostíbulos e *garçonnières*, ele registrava:

[...] Oswald e Mário ora estavam nas redações do *Estado*, para discutir com Júlio Mesquita Filho, ora nas salas do *Jornal do Commercio*, onde encontravam o Guastini, Inácio da Costa Ferreira, o Ferrignac, e onde colaboravam com admiráveis artigos. A noite passávamos na *garçonnière* de Guilherme de Almeida. Uma noite de conto persa! E, baudelairianos, partíamos para o encontro com as sacerdotisas do *Palais Elegant*, de Sanchez, pelas alturas do Largo do Paissandu. E até a madrugada diluíamos em champagne e tantos outros licores generosos a nossa literatura inconformada [...].[4]

Mas o ato de memória e gratidão mais indelével partiu de Antônio de Alcântara Machado. Perfilado juntamente com Vicente Rao, Antônio Augusto Covello, Paulo Menotti del Picchia, Nicolau Naso, Flamínio Fávero, Victor Brecheret, Anita Malfatti, Mário Graciotti, conde Francisco Matarazzo Júnior, Francisco Pati, Sud Menucci, Francisco Mignone, Menotti Sainatti, Heribaldo Siciliano, Teresa di Marzo, Bianco Spartaco Gambini e Ítalo Hugo, Alfredo Mário Guastini foi reverenciado por um jovem de nobilíssimas tradições que dedicou o não-livro, ou "jornal [...] fatos diversos [...] acontecimentos da crônica urbana. Episódios de rua" intitulado *Brás, Bexiga e Barra Funda: notícias de São Paulo* (1926), "ao triunfo dos novos mamalucos"[5]. Neologismo bastante oportuno para remeter à

---

[4] Emiliano Di Cavalcanti, "O último Di", apud Ana Paula Cavalcanti Simioni, *Di Cavalcanti ilustrador*, p. 49.

[5] A tipificação do conjunto de narrativas sobre a "novíssima raça de gigantes" aparece no texto de apresentação, cujo título sintomático é "Artigo de fundo". Além dos ítalo-brasileiros citados acima, é importante registrar a dedicatória "à memória de Lemmo Lemmi", autor do personagem ilustrado Voltolino.

miscigenação e à cultura híbrida do "consórcio das três raças tristes" e os avós, pais, irmãos e filhos dos Gaetaninhos e Carmelas que imprimiram um panorama peculiar à "Baolicéa". Certamente, a homenagem foi uma contrapartida ao convite feito por Guastini, em 1923, para que integrasse a equipe de colaboradores regulares do *Jornal do Commercio*, no qual Alcântara Machado passou a publicar artigos de crítica teatral.

Paralelamente à colaboração assídua em jornais e revistas, Alfredo Mário Guastini publicou os seguintes livros: *Política em torno de uma cadeira* (1924), *A hora futurista que passou* (1926), *Na caravana da vida* (1939), *Alcântara Machado* (1941), *Tempos idos e vividos* (1944) e *Café e outros assuntos* (1946).

Para além da militância na imprensa, Guastini foi cogitado para assumir o cargo de diretor-geral do Departamento Estadual de Imprensa e Propaganda, no estertor do Estado Novo, em função da exoneração a pedido de Cândido Mota Filho em maio de 1944. Contudo, o decreto que oficializaria sua nomeação jamais foi assinado pelo presidente Getúlio Vargas. O episódio retrata de forma paradoxal as tensas relações entre o desejo de se manter autônomo das peias do favor e do hábito de cortejar as autoridades no intuito de alcançar vantagens e as estratégias de arregimentação e cooptação de intelectuais e jornalistas para chancelar as formas de controle da informação pelo governo.

De acordo com o anúncio fúnebre publicado pelos familiares nas páginas do *Estado de S. Paulo*, o comendador Alfredo Mário Guastini faleceu aos 65 anos, em 4 de junho de 1949. O féretro partiu da rua Rodrigo Cláudio, 185, bairro da Aclimação, para o Cemitério da Consolação.

Contramemória

A afirmação de que a Semana de Arte Moderna de 22 foi o evento mais significativo na história cultural brasileira novecentista parece camuflar as estratégias ardilosas que envolveram a construção de sua memória. Vale notar que, sob a forma de entrevistas, ensaios e livros, seus protagonistas estabeleceram um sentido ao movimento e, no limite, sua autocelebração.

É bem verdade que nesse percurso, marcado entre outras pela emergência do "crítico-*scholar*", respaldado pelas instituições universitárias, em substituição ao "homem de letras" que tinha no jornal o suporte privilegiado de sua reflexão, foi se estabelecendo uma zona de penumbra onde foram alocados vozes, textos e ideários que, embora contemporâneos, passaram à condição de figurações secundárias quando confrontados com a suposta pujança dos "pais fundadores" do movimento.

Felizmente, a tradição inventada que sacralizou a disputa pelos despojos do modernismo, em meio ao coro das torcidas organizadas marioandradeana e oswaldiana, vem sendo arrefecida. O processo de revisão que a historiografia do modernismo tem experimentado indica a positividade desses deslocamentos. Os efeitos mais imediatos parecem incidir na percepção da especificidade e das afinidades seletivas operadas em torno dos conceitos de "modernismo", "modernidade" e "vanguarda", na revelação das fissuras do movimento com a valorização da pluralidade de projetos estéticos e políticos subsumidos ao termo modernismo, no resgate de autores e obras que foram tacitamente transferidos para o limbo da memória, como também para traçar uma nova cartografia desse processo.

Dessa maneira, constata-se que, diferentemente da tradição ibero-americana e sobretudo do crítico José Veríssimo, que em sua *História da literatura brasileira* (1916) identificou o modernismo com a prosa de ficção naturalista e com a poesia parnasiana, os estudos histórico-literários que atribuíram a si próprios a condição de herdeiros do patrimônio espiritual dos artífices do movimento sublinharam uma fina sintonia entre o modernismo e as vanguardas das primeiras décadas do século XX.

Apesar da obviedade das razões para o emprego dessa solução, ficamos durante décadas à mercê de um intervalo variego e rico denominado "pré-modernismo", cuja operacionalidade servia para contrapor o peso do passado, que deveria ser rechaçado, às virtudes do presente, objeto de exaltação e de um novo arranjo para as relações entre o nacional e o estrangeiro. No estabelecimento de um duplo processo de inclusão e de olvido de nomes e obras que logo se converteu no cânone oficial do modernismo, ratificado ainda pela escolarização deste saber que conferiu um direito de cidadania para a estética da ruptura. E, não menos importante, prestou-se a salvaguardar as prerrogativas de São Paulo como palco e centro irradiador de experiências que repercutiriam a posteriori em outros pontos do Brasil.

A reconfiguração do campo modernista ainda se ressente de uma parcialidade que convém explicar. De fato, existe uma preocupação com a revisão do cânone e a inclusão de outros protagonistas; aí poderiam ser lembrados, por exemplo, os nomes de Luís Aranha, Sérgio Milliet, Rubens Borba de Moraes, Sérgio Buarque de Holanda, Paulo Duarte, Paulo Setúbal etc. Da mesma maneira, trabalhos recentes têm se voltado para o mapeamento e estudo de periódicos e revistas que divulgaram manifestos e textos sintonizados com o horizonte crítico do movimento, como foi o caso de *O Todo Universal* (PI, 1923), *Madrugada* (RS, 1925), *Verde* (MG, 1927), *Arco e Flecha* (BA, 1928) e *Flaminaçu* (PA, 1928).

Entretanto, para além dos efeitos desse processo de relativização, observa-se o triunfo de um vigoroso esquema argumentativo marcado pela capacidade de incorporar pacificamente as versões eufórica e disfórica do movimento, consagrando a "tradição da ruptura" como expressão hegemônica do modernismo. Daí o tom sarcástico de um excêntrico como Rubens Borba de Moraes quando asseverava:

> O MODERNISMO EXISTE, é inútil revoltar-se. É um fato, como os aeroplanos, o bolchevismo, o *foxtrot*, o *jazzband*. Ouço daqui seus gritos de protestos: "LOUCURA! IMORALIDADE!". Não grite tanto, por favor; atrapalha minhas idéias.[6]

---

[6] Rubens Borba de Moraes, *Domingo dos séculos*, p. 24.

O triunfo da sinfonia modernista também teve o efeito de abafar, quando não silenciar, as vozes dissonantes que se desgarraram ou não aderiram ao programa das vanguardas. Nesse sentido, a reedição de *A hora futurista que passou*, publicada originalmente em 1926 pela Casa Mayença (em tempo: a mesma que havia editado *Paulicéia desvairada* em 1922), tem por objetivo cindir o esquema argumentativo citado e, na medida do possível, contribuir para a reconstrução daquele horizonte crítico-literário na perspectiva do que lhe era simultâneo. Em vez de endossar o programa de "descoelhianizar" a literatura brasileira, parece que é tempo de examinar a diversidade de atitudes e opiniões com vistas à compreensão de como essas batalhas e divergências se formalizavam em experimentações estéticas e literárias. Portanto, este volume se integra num movimento mais amplo, que é marcado pela reedição das crônicas de Olavo Bilac, João do Rio, Lima Barreto e Coelho Neto[7]. A leitura dos textos de Stiunirio Gama, pseudônimo adotado por Mário Guastini, não deixa dúvida sobre o lugar que o jornalista ocupava nas batalhas da imprensa em torno da produção cultural modernista. De forma inequívoca, ele enviava sinais do campo oposto ao dos "Dragões do Centenário", isto é, das trincheiras do "passadismo" ou da tradição. Conforme ele mesmo registrou: "Os povos que desprezam a tradição e não firmam no passado as bases para a grandeza do futuro não são povos: são tribos, amontoados de ignorantões, que nem sequer conhecem o sentimento de Pátria".

Cultor da sintaxe, da pontuação, do belo estilo na prosa e no verso, admirador do desenho, da anatomia e da harmonia

---

[7] Veja, respectivamente: Antonio Dimas (org.), *Bilac, o jornalista* (3 v., São Paulo/Campinas, Edusp/Unicamp/Imesp, 2006); Nelson Schapochnik (org.), *João do Rio: um dândi na Cafelândia* (São Paulo, Boitempo, 2004); Beatriz Rezende e Rachel Valença, *Lima Barreto: toda crônica* (2 v., Rio de Janeiro, Agir, 2004); Marcos Antônio de Moraes (org.), *Coelho Neto: às quintas* (São Paulo, Martins Fontes, 2006).

das cores na pintura, o autor reconhecia que "a causa era boa... exigia bom senso... Desses embates, parece, não saí contundido. Os meus ilustres antagonistas, apesar do seu talento, não me levaram vantagem". Ao acompanhar os ensaios aqui reunidos, o leitor contemporâneo poderá captar o movimento pendular dos argumentos empregados na peleja que oscilam entre uma retórica cordial, por um lado, e uma sucessão de disparates e expressões desairosas para tratar dos seus opositores, por outro. O registro da velha amizade com Oswald de Andrade, que em algumas passagens é designado como "distinto e brilhante plumitivo", a admiração por Menotti del Picchia, o elogio a *Pathé-Baby* e a Alcântara Machado, aos quais poderiam juntar-se o teor da carta dirigida a Mário de Andrade reconsiderando suas divergências e a simpatia pela pessoa e pela obra de Brecheret, são bastante representativos das mesuras e da lhaneza no trato do jornalista. Por sua vez, a Semana de Arte Moderna é denominada "teratológica", as obras de Lasar Segall são tratadas por "aleijões" e o pintor alcunhado de "Comissário do Povo para a Arte de Pintar Abortos". E, dessa forma, o campo das monstruosidades e deformações alcança o ápice quando ele se refere ao "*condottiere* do estapafúrdio" e à repercussão do futurismo por estas plagas. É exatamente contra Marinetti e os diversos procedimentos futuristas que Guastini empregará toda a sua verve.

A reação em parte é insuspeita, pois naquele contexto o futurismo era a corrente vanguardista mais conhecida pelo público brasileiro. Antecedendo a polêmica entre Oswald e Mário de Andrade acerca do "futurismo paulista", o então jovem crítico literário Sérgio Buarque de Holanda antecipava-se na compreensão do emprego daquele termo como bandeira da nova geração quando afirmava num artigo publicado na revista *A Cigarra* (1921):

O futurismo quer simplesmente livrar os poetas de certos preconceitos tradicionais. Ele encoraja todas as tentativas, todas as pesquisas, ele incita a todas as afoutezas, a todas as liberdades. Sua divisa é antes de tudo originalidade.

Sob esse ponto de vista é legítima e louvável a aspiração futurista. [...] A estética apregoada é possível e provável que não vingue, mas a reação terá o efeito de despertar os artistas do ramerrão habitual.[8]

Como se não bastasse proporcionar argumentos para uma contraleitura da história do modernismo e proporcionar uma visada sobre as convergências e assimetrias entre Oswald de Andrade, Mário de Andrade, Menotti del Picchia, Cassiano Ricardo e Paulo Prado, entre outros, boa parte de *A hora futurista que passou* reúne artigos publicados no calor da visita de Marinetti a São Paulo, entre maio e junho de 1926. A turnê de conferências incluía apresentações no Rio de Janeiro, em São Paulo, em Santos, em Buenos Aires e em Montevidéu e fora organizada pelo empresário Niccolino Viggiani, responsável por grandes espetáculos teatrais em São Paulo e no Rio de Janeiro.

Nas três conferências do poeta italiano realizadas em São Paulo não se constatou nem sombra dos "futuristas paulistas", diferentemente da acolhida calorosa que ele teve no Rio de Janeiro. A crer nos artigos de Guastini, a primeira das apresentações realizada no Cassino Antártica foi marcada pela reação irada da platéia, que não dispensou vaias, apupos e uma saraivada de "homenagens alimentares". Também aparece com muita clareza que, para uma parcela da população ítalo-paulistana, a repulsa à presença de Marinetti estava fundada numa equação muito mal resolvida que estabelecia uma identidade entre o futurismo e o fascismo[9].

---

[8] Sérgio Buarque de Holanda, "O gênio do século", em Antônio Arnoni Prado (org.), *Sérgio Buarque de Holanda: o espírito e a letra*, v. 1, p. 111-2.

[9] Convém acrescentar que Mário de Andrade não só se recusou a recepcionar Marinetti no Rio de Janeiro, como também não compareceu às conferências. Em carta dirigida a Manuel Bandeira (14/5/1926), ele afirmava: "O tipo veio com um cagaço confraternizador terrível de tão indecente e é quase certo que não passa, nesta viagem, de um delegado do fascismo". Em Marcos Antônio de Moraes (org.), *Correspondência Mário de Andrade e Manuel Bandeira*, p. 296.

Todavia, as observações mais interessantes apontadas por Guastini dizem respeito à caducidade da plataforma preconizada por Marinetti. Embora reconhecesse o "talento autêntico" e "o espírito culto e brilhante" do poeta, o jornalista indica com muita perspicácia que as asserções apresentadas na segunda e na terceira conferência guardavam uma distância dos princípios apresentados nos manifestos. Assim, o que se viu "foi um amontoado de lugares-comuns; a sintaxe foi respeitada pelo inovador; os verbos não foram usados no infinitivo; a adjetivação cansou os ouvidos da assistência; a nuança, as pausas, a meditação brilharam e com elas a pontuação". A incoerência entre o programa fundado no elogio da velocidade, do maquinismo, da guerra, na dissolução das convenções e a devoção respeitosa a D'Annunzio e Michelangelo explicitam a marca paradoxal do "futurismo elástico". Diante desse quadro, o diagnóstico traçado por Guastini é taxativo. O Marinetti que se apresentou na Paulicéia já era um "passadista" e, diante de tal malogro, se desvanecia a crença no modelo de atualização adotado pelos "futuristas paulistas".

No entanto, conforme elucidou João Cezar de Castro Rocha, a turnê de Marinetti estava muito longe de ser um fracasso, pois introduziu inovações que rompiam com as práticas "lastreadas por contatos pessoais e movidas pela dinâmica do favor"[10]. O empreendimento comercial previa o pagamento de 20% do lucro líquido da bilheteria, o que rendeu ao poeta italiano cerca de 25 mil dólares, em valores atuais, pelas seis conferências proferidas na *Terra Brasilis*. Mas não só. A assimilação paródica de técnicas futuristas por parte da imprensa e da nascente publicidade atestava também as novas possibilidades de fermentação recíproca entre a arte erudita, as técnicas de comunicação de massa e a cultura popular.

---

[10] João Cezar de Castro Rocha, "O Brasil mítico de Marinetti", p. 9-10.

Os demais textos reunidos neste volume foram publicados em dois livros de caráter memorialístico, organizados e publicados ainda em vida por Mário Guastini: *Na caravana da vida* e *Tempos idos e vividos.* São necrológios, correspondências e ensaios que remetem ao círculo de companheiros das lides na imprensa, ao cotidiano das redações e do fazer notícias, aos registros de amizades e ao encontro com figuras que pontilharam o cenário cultural da Paulicéia entre os anos 1920 e o início dos anos 1940.

Nelson Schapochnik
Casa Verde, outono de 2006

A hora futurista que passou

Fotografia de Alfredo Mário Guastini (s. d.).

Prefácio

A desilusão dos futuristas de São Paulo, depois das conferências de Marinetti[1], encorajou-me a reunir em volume alguns artigos e crônicas publicados no *Jornal do Commercio* sob o pseudônimo de Stiunirio Gama e inspirados pelo incipiente movimento modernista que teve início nesta capital no nosso máximo teatro, com a famigerada semana de humorismo literário e pictórico.

Eles têm valor apenas pela franqueza com que eu, despretensioso rabiscador, enfrentei autores festejados, os quais não necessitavam agasalhar-se à sombra da impagável escola do poeta italiano para aumentar, de algumas folhas secas, a sua coroa de louro, conquistada pelo talento.

A princípio julguei perder tempo e trabalho no combate à curiosa campanha renovadora. Ela esmorecia por si, sem intervenção de retrógrados da minha marca, amantes do passado, sem desencavar nesse mesmo passado caspa, guarda-chuva de cabo recurvo, sobrecasaca, lenço de Alcobaça e poeira... Os povos que desprezam a tradição e não firmam no passado as bases para a grandeza do futuro não são povos: são tribos, amontoados de ignorantões que nem sequer conhecem o sentimento de Pátria. E um povo que não tem passado, um povo que não sabe zelar pela própria língua, não pode despertar o interesse do Mundo moderno, que no culto do passado alicerçou sua civilização atual.

Na beleza e na riqueza da língua reside, antes de tudo, o prestígio dos povos. Ora, sem sintaxe, não é possível falar e escrever decentemente, sem sintaxe não se pode obter estilo elegante e puro, nem a linguagem poderá ser correta. Desprezar a sintaxe é repudiar a língua. O futurismo impõe esse repúdio.

Levados pelos decretos do ilustre intelectual italiano, alguns patrícios nossos, poucos felizmente, meteram os pés na sintaxe, na pontuação, no advérbio, no adjetivo, proporcionando-nos páginas de irresistível ridículo. Isso na prosa e no verso.

Na pintura, então, ainda estribados nos manifestos dos adeptos de Marinetti e por este vulgarizados e defendidos, os que desconhecem desenho, anatomia, beleza, sentimentos e harmonia de cores perpetraram verdadeiros aleijões, elogiaram ou compraram aleijões de procedência estrangeira... E, enquanto, por um lado, pretendiam fugir à influência de ultramar, apegaram-se, por outro, às heresias artísticas de Marinetti, e importaram monstruosidades russas e francesas.

Esses moços não podiam ser sinceros. Entraram no futurismo por pilhéria, conseguindo apenas chamar para suas pessoas a censura daqueles que, graças às obras equilibradas anteriores, lhes haviam dispensado carinhoso acolhimento.

O comentário irônico e a galhofa chamaram os retardatários inovadores paulistas à realidade e a debandada não se fez esperar. Do futurismo marinettiano passaram ao *modernismo* nacional, ao *Pau-Brasil*, ao *Verde e Amarelo* e ao *Brasileirismo*, continuando, entretanto, a fugir da sintaxe, do desenho e da anatomia.

E a luta franca se declarou entre os componentes do mesmo grupo...

Eu, na imprensa, isolado, sem pertencer a escolas, movido exclusivamente pelo desejo de exprimir, com clareza, meu modo de pensar a respeito, entrei, em épocas diferentes, a conversar amigavelmente com os expoentes do malogrado movimento. Chamado à fala, nunca deixei de gritar o meu *presente!* E discutimos. A causa era boa e não reclamava vibrações geniais. Exigia apenas bom senso que, felizmente, ainda não me abandonou. Desses embates, parece, não saí contundido. Os meus ilustres antagonistas, apesar de seu talento, não me levaram vantagem. Combati as extravagâncias futuristas, defendendo aquilo que o passado nos deixou de bom, sem querer, está visto, que dele se copiassem servilmente coisas definitivamente sepultadas pelo tempo, pois ridículo seria que nos vestíssemos hoje como em 1830, ou escrevêssemos como escrevia Fernão Mendes Pinto ou o senhor Camões — no dizer de Martin Lamy[2].

Entendia e entendo que nas lições do passado se deve buscar estímulo para o futuro, procurando chegar a realizações brilhantes sem deturpar o belo. E não me arrependo da pequena campanha por mim levada a efeito nos momentos em que a atividade jornalística mo permitiu.

A visita salutar de Marinetti ao Brasil veio demonstrar que a razão me assistia. Os futuristas de São Paulo, desiludidos, foram os primeiros a apedrejar o ídolo da véspera... Desconcertados com a verborragia caudalosa do mestre, desapareceram da circulação, e os que deram o ar de sua graça, surgiram para desancá-lo, negando até o grande valor intelectual e a vasta e sólida cultura que Marinetti realmente possui.

O que se vai ler, pois, é a coisa velha, porém oportuna. Períodos escritos, em épocas diferentes, nestes últimos três anos, sem preocupações estilísticas. Encontrará, assim, o leitor, inevitáveis repetições. Enfeixam-se neste volume apenas as páginas que não foram abandonadas pela serenidade. Outras muitas poderiam nele figurar, se a passageira irritação de alguns dos meus distintos contendores não me tivesse levado a acompanhá-los no diapasão por eles escolhido... Mas isso seria reavivar sentimentos que não devem existir e que da minha parte nunca existiram.

Verificar-se-á, através destas páginas, a minha opinião a respeito do chamado modernismo literário.

No artigo dedicado ao *Pathé-Baby*, de Antonio de Alcântara Machado[3], deixei bem nítido meu pensamento.

O brilhante autor, sem ser futurista, do programa de Marinetti observou a velocidade, sem sacrificar a língua. E essa velocidade é compreensível na vida tumultuada e agitada que os povos hoje vivem.

A maioria dos escritores patrícios, que considera estilo o ajuntamento de palavras rebuscadas ou de imagens ramalhudas, necessitaria de duzentas páginas, ao menos, para a empolgante e magistral evocação da Veneza dos Doges que Antonio de Alcântara Machado realizou em meia dúzia de períodos verdadeiramente notáveis.

Essa síntese eu a compreendo e aceito na literatura de nossos dias, como compreendo e aceito o estilo telegráfico da velha e respeitável caturrice do insuperável Martim Francisco − estilo que eu comecei a conhecer bem de perto, e quase diariamente, há mais de vinte anos, no *Commercio de S. Paulo*.

Marinetti tomou para si a iniciativa de vibrar o golpe de morte no incipiente futurismo paulista. Os seus argumentos, por mim refutados com as suas próprias palavras, vieram dar-me razão. Não tenciono, portanto, voltar a ocupar-me de assunto morto. E é por isso que, fazendo ponto final nas conversas futuristas, aqui fica essa coletânea para fixar, documentadamente, um momento da passageira agitação literária que teve São Paulo por teatro.

Mário Guastini

Reprodução da capa original de *Os condenados* (São Paulo, Monteiro Lobato Editor, 1922), ilustrada por Anita Malfati.

Paralisia geral

A poesia existe nos fatos. Os casebres de açafrão e de ocre
nos verdes da Favela, sob o azul cabralino, são fatos estéticos.
O carnaval no Rio é o acontecimento religioso da raça. Pau-Brasil.
Wagner submerge ante os cordões de Botafogo. Bárbaro e nosso.
A formação étnica rica. Riqueza vegetal. O minério. A cozinha.
O vatapá, o ouro e a dança.

Toda a história bandeirante e a história comercial do Brasil.
O lado doutor, o lado citações, o lado autores conhecidos.
Comovente. Rui Barbosa: uma cartola na Senegâmbia.
Tudo revertendo em riqueza. A riqueza dos bailes e das frases
feitas. Negras de jóquei. Odaliscas no Catumbi. Falar difícil.[1]

Entenderam as coisas estapafúrdias acima transcritas? Não as entenderam e certamente não procurarão esconder a sua estupefação. Eu, também, não as entendi, e, tanto quanto o leitor, fiquei perplexo... Posso, porém, assegurar que essas doidices não saíram do cérebro enfermo de um dos muitos hóspedes do modelar manicômio de Juqueri[2]... Os internados do notável estabelecimento, falando ou escrevendo, apesar de tudo, são mais claros, mais precisos, mais humanos na exposição de suas idéias, tornadas *futuristas* ou *regionalistas* pela loucura...

As linhas, no alto reproduzidas, não vieram do Juqueri nem partiram da cachola insana de nenhum pensionista do dr. Juliano Moreira[3]: elas constituem apenas o preâmbulo do manifesto lançado, através das colunas de conceituado matutino carioca, por distinto escritor paulista.

— Distinto escritor? — perguntarão, com espanto.

— Sim, distinto e brilhante plumitivo, que, num momento de bom humor, decidiu burlar o público — apresentando-se com a camisola mental de doido varrido...

Foi assim que nasceu e morreu, em São Paulo, o futurismo. Produto de uma pilhéria, teve a duração de uma pilhéria... A Oswald de Andrade[4] cabe, quase inteira, a autoria da idéia. Espírito cintilante, maneiroso, bom mesmo, o meu querido companheiro de infância e discípulo de jornal soube, sem esforço, reunir em torno da sua anafada pessoa um núcleo de moços, de valor alguns; medíocres, outros. Tenaz, convincente na sua exposição, penetrante, Oswald sempre teve jeito de contar com público seu, reduzido embora, para formar a seu lado, toda vez que seu talento tivesse de *criar* um *caso* sensacional, ou uma *escola*, barulhenta por disparatada. No fundo, porém, Oswald nunca pensou, com isso, prejudicar quem quer que fosse: trocista impenitente, teve em mira apenas divertir-se, rir-se da imbecilidade humana e fazer o próprio reclame. Na vida o reclame é tudo, e Oswald tem vivido, aliás inteligentemente, pelo reclame. Tão inteligentemente que até eu, que lhe conheço as manhas, estou aqui a bater caixa aos seus movimentos...

Na iminência de publicar novo volume – *Os condenados*[5] –, Oswald necessitava de barulho para maior êxito de sua obra, por sinal magnífica. Tornava-se indispensável aguçar a curiosidade pública, despertar os poucos leitores de livros que no Brasil existem e prepará-los para se atirarem, avidamente, ao seu... E pela sua mente, em constante atividade, surgiu a idéia, insincera, de lançar em São Paulo os alicerces da escola que o autor de "Le rane verdi"[6], em 1909, se me não engano, pregara na Itália, como protesto contra os d'annunzianos que, naquela época, na península formavam legião.

E a sua ação envolvente começou... O aliciamento dos adeptos teve início... A sua lábia avassaladora ia produzindo efeito, colhendo nas malhas traiçoeiras um pugilo de moços de boa-fé, que acreditaram, amigos que são de Oswald, na sua lealdade literária. O primeiro a cair na rede foi, penso, Mário de Andrade[7], um dos mais formosos, um dos mais cultos espíritos da atual geração.

Como experiência, no intuito de ver se dava para essa extravagância, Mário de Andrade escrevera, à guisa de versos, as chalaças que constituem, hoje, *A paulicéia desvairada*[8], onde nos apresenta almas de asfalto e braços longos como as torres da Basílica de São Bento.

Oswald, na fúria de armar o sarilho, passou a mão em algumas dessas composições e, com a mesma sinceridade com que se apegara ao futurismo, encheu umas tiras de elogio, inculcando seu bom companheiro como sendo o legítimo expoente da nova escola — nova para eles...

Repelindo a perfídia, porém, Mário de Andrade veio a público, protestando contra esse *futurismo* que Oswald lhe atribuíra, e declarando que, quando muito, poderia ser ele um caso patológico, mas futurista nunca...[9]

Apesar de declaração tão solene, entretanto, a *escola* estava *fundada*, e nela se inscreveram, embora produzindo como produziam os escritores e poetas de 1830, Paulo Prado[10], René Thiollier[11], Menotti del Picchia[12], Guilherme de Almeida[13], Mota Júnior[14] e alguns outros cavalheiros distintos que nunca escreveram coisa alguma...

Nessa altura, o livro de Oswald estava no prelo...

Os artigos do autor de *Os condenados*, lançando a *nova escola literária*, não provocaram, todavia, o escarcéu por ele desejado, ansioso, como estava, por um reclame retumbante que viesse pôr em foco seu iminente volume... E como o barulho não fosse o imaginado, ideou-se, com Graça Aranha[15], já no grupo, em virtude dos empurrões de Paulo Prado, uma *semana teratológica* que, na opinião dos promotores, havia de embasbacar a gente desta retrógrada São Paulo... E a tal semana veio com o seu inevitável fracasso. Desesperado pelo desinteresse com que foi recebida, Oswald pedia, com empenho, aos jornalistas amigos, que *metessem*

o pau nessa bambochata, pois, não se notabilizando ela pelos aplausos, se notabilizaria pelas bordoadas que lhe dessem... Mas os jornalistas camaradas não lhe atenderam os insistentes pedidos, e da *semana teratológica*, de triste memória, ninguém cuidou, a não ser alguns dos seus patronos, pois outros, prudentemente, seguiram rumo à fazenda, ou às estações de água...

Desiludidos, os pseudofuturistas aguardavam o livro de Oswald, na certeza de que o *fundador da escola* apresentaria fatalmente uma obra ruidosa pela maluquice. A expectativa, porém, foi nova decepção: *Os condenados* alcançou, graças ao trabalho preparatório, algum sucesso na livraria, mas o leitor não encontrou nas suas páginas o apregoado futurismo. Oswald enganara os companheiros de seita, apresentando-lhes obra normal, revelando, no fundo e na forma, os mesmíssimos métodos dos escritores passadistas[16] por eles atacados, mas seguidos... De futurista, no belo livro de Oswald de Andrade havia apenas a chocante descrição de um parto... Isso também, aliás, não era novidade, porque o grande passadista que foi Stecchetti[17], uma infinidade de anos antes, no seu "Nascituro"[18] relatava, em verso, como se nasce, concluindo a sua narrativa, como para pedir escusas ao leitor, com esta frase imensamente feliz: *miglior dir come si nasce che dir come si muore...*[19]

O suposto futurismo paulista, pois, nasceu sem base séria e sem sinceridade; nasceu para servir de trombeta a uma obra que de futurista nada tem, mas que desse rótulo carecia para ser mais rapidamente esgotada...

E porque o seu fim era esse, ele desapareceu, destacando-se, antes, aos poucos, os elementos de valor indiscutível, como Menotti e outros, e, agora, o próprio Oswald de Andrade.

Este, todavia, para dar à sua deserção aparência decente, declarou renegar o futurismo para criar a *escola regionalista* — a *Poesia Pau-Brasil*. Disse-o num manifesto a que os velhos companheiros devem ter recusado aprovação, pois veio apenas com a sua assinatura... Mas que extravagância será a tal poesia? A sua explicação está nos incompreensíveis períodos acima transcritos e nestes outros com que Oswald fecha a sua fala aos povos: Apenas brasileiros da nossa época. O necessário de química, de mecânica, de economia e de balística. Tudo digerido. Sem meeting cultural. Práticos. Experimentais. Poetas. Sem reminiscência heresia. Sem comparações de apoio. Sem pesquisa etimológica. Sem antologia.

Bárbaros crédulos, pitorescos e meigos. Leitores de jornais. Pau-Brasil. A floresta e a escola. O Museu Nacional. A cozinha, o minério e a dança. A vegetação. Pau-Brasil.[20]

— Pau-Brasil?
— Não: paralisia geral.

Fotografia de Oswald de Andrade (1925).

Disparates

Estava escrito: ao lançar a mão da pena para, no intuito de matar o tempo, rabiscar, sem maiores preocupações, a curta história do futurismo paulista, contava certo com a réplica de Oswald de Andrade... Conheço desde criança o arauto pilhérico da *semana teratológica*, e porque o conheço, não podia esperar o seu silêncio. Ofereci-lhe, espontaneamente, oportunidade para o reclame e ele, sempre de atalaia, não a perdeu. Fez bem. A sua resposta — que abaixo reproduzo —, se para Oswald vale como espalhafatoso anúncio, vale para mim como documento de indiscutível preciosidade: vale como a confissão corajosa de quem, com a sua lábia envolvente, conseguiu meter numa *escola de doidos* um pugilo de moços de talento, abandonando-os, a seguir, nessa nova espécie de manicômio...

Oswald, depois de aceitar tacitamente que o futurismo era o rótulo retumbante de que seu livro *Os condenados* carecia, confessa, sem preâmbulos, ter sido ele o pai da criança degenerada: o apregoador do futurismo de Mário de Andrade, o *cabaretier*[1] elegante das suas chalaças; assevera que os antigos companheiros o abandonaram e que ele está só, isolado, agüentando o *Pau-Brasil*; declara ter desertado das fileiras futuristas e afirma que futurismo e burrice são sinônimos... *Quem tem medo de ser burro, vira futurista e está salvo* – sentencia Oswald. E acrescenta que, *de fato, na noção do futurismo por ele lançado, cabiam todas as tendências*, principalmente a tendência para burro...

Como se vê, mereceu a pena a minha despretensiosa contribuição para a história do já desaparecido futurismo paulista. Mereceu a pena porque, sem ela, não se teria o depoimento sincero de Oswald, que, assim, confirmou tudo quanto se tem escrito a respeito dessa coisa extravagante, hoje estertorante na própria Itália, onde nasceu, pois os valores mentais não tardaram em abandonar Marinetti, embora nele reconhecendo qualidades pouco comuns, porém mal empregadas.

Mas, para mascarar sua confissão – que há de abalar profundamente o sistema nervoso dos que lhe ouviram as antigas palinódias –, Oswald quis atribuir-me, em tom de pilhéria, manhas e méritos que não tenho e que, por isso mesmo, recebi com o melhor dos meus sorrisos.

Dos muitos adjetivos com que me alvejou, porém, um houve que me fez mal, dando-me a impressão de que Oswald pretendeu descer ao terreno da agressão pessoal... Chamou-me literato! Repilo o ataque e estabeleço a verdade: literato, não: escrevinhador, apenas. Escrevinhador que, felizmente, não sonha, não pode sonhar, nem nunca sonhou com a *fardinha verde da Academia Brasileira de Letras*, mesmo porque, em matéria de fardas, já tenho uma azul de cônsul, que, por sinal, é, por si só, bem pesada...

Repelida a... ofensa, aqui reproduzo a carta que me dirigiu Oswald de Andrade – o Oswald normal, o Oswald cintilante e cheio de espírito, não o insano do regionalismo incompreensível:

Meu sempre prezado Mário Guastini – É muito fácil contar as coisas assim. Eu também podia dizer que você só tem uma finalidade na vida: a fardinha verde da Academia Brasileira de Letras. Investindo para o jornalismo, tornando-se o apoio e a desilusão de patriotas profissionais, escrevendo sobre cadeiras e mesas, fazendo vibrantes campanhas de crítica financeira e de doutrina social, o seu espírito lógico e reto só visava a uma coisa – obter público para as crônicas que hoje, tirando a máscara de esgrimista e repousando o espadagão ensangüentado da carneirada ambiente, você produz com a tranqüilidade de quem afinal está em casa, de pijama mental, cômodas chinelas psíquicas, numa rede longos anos aspirada e querida. De fato, Stiunirio Gama – um nome que, se eu quisesse, também não entendia, como você não entendeu o meu manifesto – é a cristalização da forte vontade de Mário Guastini. É ele quem expande as reservas de bom humor e de generosa curiosidade que o outro (o ferrabrás que tão alto subiu pela forte consciência de uma musculatura acima do comum, pisando a ilustre récua dos nossos homens momentâneos) não podia oferecer – ocupado como estava no severo programa de *fechar o tempo*, a fim de *fazer número*. Imagine o milhão de engambelados que foram na onda da sua vocação política, da sua orientação jornalística, da sua lógica doutrinária – todos agora de tromba murcha, obrigados a engolir a literatura cotidiana que você fornece; e mais, obrigados a aceitar você literato, porque, caso contrário, você jornalista, ou você político influente, lhes puxa as orelhas passivas. Rio-me sozinho, pensando na massa de pobres homens que você desorientou – sujeitos para quem as culminâncias da vida estiveram sempre numa excursão eleitoral a Birigüi do Mato Velho, com a caipirada vivando os próceres, e que agora são obrigados a queimar os olhos pestanudos e vazios em volumes de arte e poesia para que amanhã, diante do trono redatorial, se S. M. Stiunirio I lhes perguntar que tal o último poema de Menotti del Picchia ou a última crônica de Paulo Prado, saibam, no mínimo, dizer duas besteiras profundas. Acredite, Guastini, você produziu o melhor dos bens, revelando que, no fundo, queima situações de prestígio político e o próprio caminho do Palácio Monroe[2] por uma reputaçãozinha bem-feita de homem de letras. Dou seis meses para ver os resultados disso: a ressurreição das academias regionais e dos salões literários.

De resto, você sempre foi literato — eis o que explica a nossa velha camaradagem, esfriada apenas porque, no afã da sua vida multiativa, eu corro o risco de ser confundido com um senador qualquer e de sofrer, portanto, o choque de certos gestos imperativos, muito seus, que, no meu selvagem isolamento, não posso compreender nem aceitar. Porque, meu caro Guastini, se cheguei, como você insinua, a ser literato por uma porção de manhas inteligentes, nunca perdi nesse jogo a noção da coluna vertebral. E nisso reside a explicação da minha atual atitude, deixando o *futurismo* por credo mais virgem, esse que eu chamo de *Poesia Pau-Brasil*. Dentro deste eu estou por enquanto só, quando no *futurismo* havia uma tendência de carro de bois que se estava tornando incômoda. Note você o número de *futuristas* que há no Brasil! Quem tem medo de ser burro vira *futurista* e está salvo.

De fato, na noção de *futurismo* que ontem você denunciou como lançada por mim, aliás pelas sempre brilhantes colunas do *Jornal do Commercio* de São Paulo, cabiam todas as tendências.

Havia o *futurismo* demagógico e ortodoxo de Marinetti e outro, o que significava simplesmente *renovação*. E foi com este último sentido que divulguei como futuristas os versos normais de Mário de Andrade. Nem podia ser de outra maneira, e ninguém que tenha três quilos de cultura pensará que se possa chamar de *futurista italiano* o nosso clássico e gaulês Graça Aranha. Isso não o privou de tomar parte brilhante no movimento brasileiro chamado *futurista*, quero dizer, no *movimento de renovação* anunciado, livre de dogmas e de regras, pelos paulistas, acompanhado logo pela adesão de diversos grupos dos estados e reduzido finalmente no Rio à Capela de Nossa Senhora do Engrossamento.

Desta, acabo de sair na minha recente volta da Europa, lançando o manifesto que foi publicado com graves erros de revisão pelo *Correio da Manhã*. Dois ou três desses erros você reproduziu e contra um protesto: quero referir-me à *reminiscência livresca*, que considero uma das piores pragas de nosso movimento intelectual, e não a essa surda *reminiscência heresia*, que o tipógrafo carioca — naturalmente futurista também — compôs e divulgou.

Talvez sejam esses erros que tornaram obscuro aos seus olhos argutos o meu manifesto, sintético mas claro, e gostoso como as águas de nossas serras primitivas. — Um abraço e a simpatia intelectual do *Oswald de Andrade*. — Em 12/1/1924.

Viu o leitor como o Oswald de Andrade normal é delicioso nos seus escritos? Viu bem, o leitor, como ele sabe separar o escritor *regionalista* a muque do escritor equilibrado? Mas Oswald não pode viver sem *blague*. E como esta é para ele tão indispensável como o reclame, insiste no seu *Pau-Brasil* — o *credo virgem*, decantado no manifesto maluco de que destaquei alguns períodos. Lembra-se deles, leitor?

Assim pinta Oswald, na sua engraçada fala aos povos, dentro das rígidas normas da *nova escola*, o grande e imortal Rui:

— *Rui Barbosa* — *uma cartola na Senegâmbia.*

Adotemos, por um momento apenas, as regras da *nova arte* e pintemos, com a maior sinceridade, o fundador do *Pau-Brasil*... A síntese é a base dessa *escola*, sejamos, pois, sintéticos:

— Oswald de Andrade regionalista! — um saco de disparates em São Paulo...

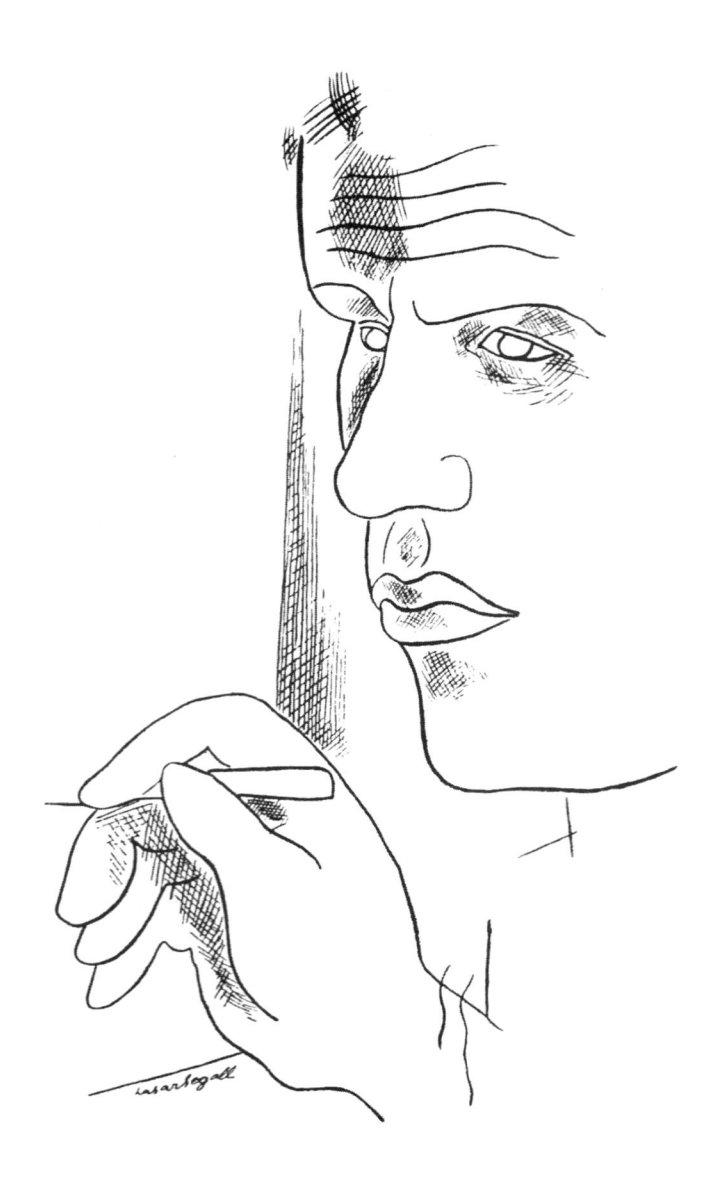

Lasar Segall, "Desenho sem título" (s. d.), em Waldemar George (org.), *Lasar Segall* (Paris, Édition Le Triangle, s. d.).

Alucinação visual

A primeira vez que visitei o manicômio de Juqueri, então dirigido pelo professor Franco da Rocha, legítima glória da classe médica paulista, senti-me tomado de emoção profunda. Ao transpor os jardins do importante estabelecimento, tive a impressão de que, dentro de alguns instantes, diante de meus olhos, se desenrolariam cenas alucinantes, surgiriam quadros dantescos. Os doidos, os excitados, na expressão dos alienistas, têm fama triste e a eles se atribui tudo aquilo que o homem equilibrado é incapaz de praticar... publicamente.

Ao passar pelo primeiro pavilhão, entretanto, pude constatar que a minha grande emoção não se justificava: os pobres insanos, ali recolhidos, eram, na sua loucura, muito mais serenos, muito mais ajuizados do que certa gente que, aqui fora, no convívio da sociedade, vive a praticar toda a sorte de desatinos... E esta minha observação não se modificou ao percorrer os demais pavilhões e as colônias, a colônia velha, principalmente, onde um infeliz, antigo açougueiro, dirigia os serviços e a cujas ordens obedeciam, com germânica disciplina, dezenas e dezenas de alienados. Se esse homem não estivesse no Juqueri e se o dr. Franco da Rocha não me garantisse que ele era, de fato, um doente, sairia convencido de que acabava de conversar com o mais normal dos administradores de fazenda...

Não recebi a mesma impressão na visita que fiz à exposição de pintura do sr. Lasar Segall[1], russo e futurista. Não podendo ser Lenin em sua terra, não podendo arregimentar seus patrícios para a demolição da antiga Rússia dos Czares, o sr. Lasar Segall faz maximalismo[2] na sua pintura, transformando-se em Comissário do Povo para a Arte de Pintar Abortos...

Logo, ao penetrar no seu certame, o visitante não pode conter ruidosa gargalhada, antes; e um sorriso de piedade, depois. Olhando para os quadros expostos e para o seu autor, o visitante sincero, não o hipócrita arvorado em decifrador de coisas indecifráveis, sente estar na presença de um mórbido... Na pintura de Segall, nada há de humano. A proporção não existe, a anatomia nunca existiu, a cor, nas suas variegadas combinações, está ainda por ser criada. A arte para ele está na aproximação berrante do amarelo com o vermelho e do preto com o violeta... Apenas o contraste violento. O resto consiste numa cabeça de um metro de circunferência, bueiros à guisa de olhos, taturanas feitas cabelo, tronco de dez centímetros, pernas de cinco, pés de cinqüenta, braços de metro e meio... Estes: um, estrepado no ombro ou coisa que o valha; outro, na cintura de fantoches...

Segall pinta o que sente diante do modelo...

O modelo é humano e como tudo o que é humano supõe-se perfeito. Diante dele, porém, o maximalista da arte vê coisas que nunca existiram... Será, então, clinicamente, o pintor que assim enxerga, um paranóico com alucinações visuais, e nunca um artista que possa merecer o aplauso da gente acostumada, através de todos os tempos, a entender por arte tudo aquilo que exprima o belo nas formas e no sentimento, uma vez que

Coleção Paulicéia

não pode haver arte sem nobreza de sentimento ou sem beleza de formas? E onde estão os sentimentos ou as formas nos trabalhos do sr. Segall? Na sua imaginação doentia apenas, pois, nas telas que expõe, eles absolutamente não aparecem, apesar das explicações que o pintor dá ao visitante incauto entre sorrisos, que se prestam a interpretações várias...

Não decifrei, não pude decifrar, não decifrarei nunca as heresias que as brochas bolchevistas do sr. Segall esparramaram na tela. Mas decifrei o seu sorriso...

Aliado ao Oswald de Andrade, o trocista impenitente, Segall sorri ante a estupidez daqueles que perdem tempo a examinar os seus atentados; sorri dos habitantes desta terra retrógrada, descrita, não há muito, pela pena adestrada do elegante escritor passadista Paulo Prado — outro mau cristão que se diverte com o futurismo alheio...

O sorriso de Segall, pois, é sorriso de escárnio.

— E os quadros que lhe compraram os museus? — perguntarão os pseudofuturistas, aqueles que no dizer do Oswald o são de medo de serem burros...

Mas quantas extravagâncias não se encontram nos museus? Quantos objetos ou quadros, sem expressão, neles não figuram apenas para marcar o gênio ou a loucura? E quanto argentário cretino não há, por aí afora, que coleciona coisas que nunca compreendeu e não compreenderá nunca?

Assim como há gente insincera que finge saber interpretar a *arte* nova do sr. Segall, há museus que compram essa *arte* negativa conscientemente, com o intuito de assinalar, para todo o sempre, o quanto pode a paranóia, exteriorizada na tela, na gravura, no bronze ou no mármore...

Oswald de Andrade, adepto da nova *arte* de Segall, para efeito de reclame, contará com o apoio de Hélios[3], capaz, com o seu talento, de achar nas telas do maximalista da pintura belezas inenarráveis, desconhecidas até do próprio autor. Mas quando Hélios, agora todo carinhos ao *Pau-Brasil* do Oswald, será sincero? Elevando às nuvens a arte *ultramarina* de Quirós[4] ou cantando Segall em prosa e verso? Entoando hinos à música estapafúrdia apresentada na *semana teratológica* ou batendo palmas vibrantes e merecidas à música deliciosamente passadista da *Bela adormecida*?

Não se queira prosseguir nas interrogações... Elas seriam tantas que dariam para esgotar a paciência do leitor. Fiquemos por aqui, ao menos por ora...

Sim, fiquemos por aqui, apelando, porém, para a gente equilibrada. Não se deixe levar pelo canto traiçoeiro das sereias em busca de reclame: arregimente-se para, corajosamente, meter o chanfalho nos depravadores da arte, incensadores contumazes de paranóicos nacionais e estrangeiros — dignos apenas de assistência médica...

Grito oportuno

Estão de parabéns os pseudofuturistas de São Paulo: Marinetti, o *leader*[1] do futurismo italiano, provocou outro escândalo, desta vez na presença do rei...

O grito de *abaixo os administradores antiitalianos* que o autor de "As rãs verdes" soltou ao ser inaugurada a clássica exposição de arte em Veneza deve ter enchido de orgulho os apóstolos das extravagâncias, uma vez que para essa gente *sua arte* se resume na publicidade...

Marinetti — é sabido — foi, na península, o fundador da *nova escola* há quinze ou dezesseis anos. Nessa época, D'Annunzio, que deu o sopro vivificador à literatura italiana, empolgava, com suas odes, os seus romances e as suas tragédias, todos os espíritos. Nos centros intelectuais era ele, e ainda o é, o Deus insuperável, o orientador espiritual da juventude que se estreava nas letras e nas artes. Os d'annunzianos formavam a elite, e, como nem todos podiam pertencer a essa elite porque incapazes de compreender as obras do poeta de Pescara, foram-se formando núcleos à parte, núcleos de despeitados. Era a oposição contra a arte magistral do autor de *Forse che si, forse che no*[2] que se ia desenhando... Marinetti, homem de indiscutível capacidade intelectual, oportunista por excelência, aproveitou-se desse estado de ânimo e deu o grito de revolta, conseguindo reunir os elementos que, em surdina, combatiam a grande massa capitaneada por D'Annunzio... O seu manifesto fez estardalhaço pela forma por que foi lançado e, graças a esse estardalhaço, a fama do signatário, aliás discretamente conhecida na Itália, transpôs as fronteiras da pátria... E o seu exército foi se avolumando, pois, como explicou Oswald de Andrade em relação ao futurismo paulista, também na terra de Marinetti todo aquele que teve medo de ser burro passou a ser futurista...

É preciso acentuar, porém, que dos adeptos de Marinetti muitos eram homens de alto valor, e que do rótulo da *nova escola* careciam para conquistar a fama rapidamente alcançada pelo chefe. E o conseguiram. A curiosidade pública fez esgotar edições e edições de livros de autores futuristas *in nomine*[3] – autores que, depois de firmada a sua reputação, abandonaram o *leader*, deixando-o rodeado de alguns homens de prestígio, não há dúvida, que não necessitavam de sua sombra, mas também de uma infinidade de mediocridades...

General sem soldados no campo literário, Marinetti congregou os fracassados na pintura e na música, organizando concertos e exposições que se celebrizaram, em toda parte, pelas assuadas e pelas pancadarias... Como na literatura, na música e na pintura, o *condottiere*[4] do estapafúrdio ficou reduzido a poucos sequazes que o acompanharão sempre porque não conhecem música nem desenho... No dia, porém, em que eles conhecerem essas coisas indispensáveis e tiverem força criadora seguirão, finalmente, o exemplo dos outros, deixando-o só, a meditar sobre os manifestos de há quinze anos...

Desarvorado, sem o apoio e a solidariedade da gente que em outros tempos batia palmas às suas extravagâncias, Marinetti, com uma coerência louvável, coerência que os pseudofuturistas de São Paulo não têm, continua a acreditar no próprio futurismo e na existência da *escola* que fundara com tanto escarcéu. Continua a acreditar e procura fazer acreditar nessa existência... Para isso lança mão de todos os processos, desde que levem para o escândalo...

O seu grito na exposição de Veneza, na presença do Rei Victor Manuel[5], grito nada futurista, pois se assemelha aos que soltaram, em todos os países, os petroleiros de 1830, teve esse intuito: o escândalo. Era absolutamente necessário que os jornais e as agências telegráficas espalhassem aos quatro ventos que Marinetti está vivo, que o futurismo ainda existe, quando, ao contrário, está virtualmente morto, e não de hoje, na própria Itália...

Foi contraproducente, entretanto, o último escândalo do irrequieto *leader*... Graças a ele, ficou o mundo sabendo que, no grande certame de Veneza, os futuristas não foram admitidos. O grito isolado de Marinetti veio dar à grande exposição mais prestígio ainda, porque a gente que ama a arte pura, a arte como ela deve ser, e não como querem que seja, foi informada a tempo de que ali não encontraria atentados ao bom gosto...

O gesto de Marinetti, penso, deve ser imitado pelos futuristas de São Paulo: gritem toda vez que, nas exposições paulistas, não figurarem telas de pintores como Segall...

Com isso prestarão notável serviço, tão notável quanto o que acaba de prestar Marinetti ao público italiano.

Fotografia do poeta Blaise Cendrars (à esquerda) acompanhado do casal Paulo e Marinette Prado, no Hotel Copacabana Palace, Rio de Janeiro (1922).

Uma conferência

O poeta francês sr. Blaise Cendrars[1] proporcionou, no salão do Conservatório, a um público bem reduzido, mas seleto, cerca de duas horas de infinito prazer... Não houve, entre os presentes, cidadão que não desopilasse o fígado ante a exibição de *quadros* de meia dúzia de pintores que, para o sr. Cendrars, são os expoentes dessa coisa inominável que um punhado de humoristas deliberou chamar arte moderna...

O sr. Blaise Cendrars não é uma notabilidade, como se quis apregoar por aí. É, porém, incontestavelmente, um homem de valor apreciável, aliás, de sobejo demonstrado nos seus livros e em todos os ramos da atividade humana a que tem dedicado a sua capacidade. Afora essas qualidades como homem de letras e homem de ação, o sr. Cendrars possui outra que lhe tem granjeado simpatias gerais, além de prerrogativas inumeráveis: fez a Grande Guerra e foi mutilado no campo de batalha. Ora, quem derramou o sangue na defesa da humanidade tem direitos que nós outros, pobres mortais que não o fizemos, absolutamente não possuímos...

No gozo pleno desses direitos, o sr. Cendrars, muito licitamente, abraçou a chamada arte moderna, de cuja poesia é um dos representantes, e como a abraçou, justifica e defende todos os atentados praticados pelos seus companheiros de escola ou de grupo...

Fiel ao seu programa, o sr. Cendrars falou sobre as tendências da estética contemporânea. E falou bem. Defendeu valentemente o distinto poeta o seu ponto de vista, procurando convencer o público que sorria, ironicamente, uma parte; e dormia, tranqüilamente, outra... E teria o sr. Cendrars deixado a impressão de que realmente a arte moderna tem uma estética se não tivesse lembrado de exibir os célebres quadros aludidos.

A essa exibição ninguém resistiu: o gargalhar rompeu espontâneo e comunicativo... As telas do truculento bolchevista sr. Segall, como a *Torre Eiffel*, do sr. Delaunay[2], são formidavelmente disparatadas, tão disparatadas quanto as de Léger[3] e de Gleizes[4]... As da distinta e festejada sra. Tarsila do Amaral[5] são menos grotescas e bem compreensíveis, pois dão a idéia das pinturas que até as crianças de grupo escolar fazem com menor esforço e mais originalidade... É a sua uma arte, que, como a de Segall, não reclama conhecimentos de desenho ou de anatomia.

É de uma arte talvez voluntariamente ingênua, que não impressiona, mas que no fundo não desagrada, porque, positivamente, não tem, nem pode ter, pretensões... Essa meia dúzia de telas a que aludi serviu de alicerce para a conferência do sr. Cendrars, que, repito, divertiu o auditório. Em outra parte que não em São Paulo, talvez o simpático conferencista tivesse recebido outras manifestações além do riso...

Mas São Paulo, apesar do que dele dizem os estrangeiros que o visitam, é uma terra civilizada que a tudo sabe dar o justo valor, sem sair da linha aconselhada pela compostura...

Blague

Oswald de Andrade fez mais umas das suas: reuniu em volume as *Memórias sentimentais de João Miramar*[1], memórias que, pelo novo estilo, nada têm de comum com as do outro *Miramar* equilibrado, algumas das quais foram publicadas no falecido *Pirralho*[2] pelo próprio Oswald. Nada têm de comum, mas o autor é o mesmo *blagueur*[3] incorrigível que, para se divertir à custa de uns pobres-diabos, que acreditam nas suas pilhérias, resolveu transformar-se em apóstolo de uma *arte-nova*, de uma *arte-disparate*, de uma *arte* que esses mesmos pobres-diabos, em consciência, não podem levar a sério...

Oswald é, incontestavelmente, um dos nossos mais brilhantes escritores, um espírito cintilante, capaz de enriquecer a literatura nacional de obras de real e inconfundível valor. Longa série de trabalhos seus e algumas conferências aí estão para o demonstrar, se para isso não me bastassem os muitos anos de convivência, quase diária, que me permitiram conhecer de perto, mais do que ninguém, o pai dessa história batizada com o título de *Memórias sentimentais de João Miramar*... E porque Oswald tem plena consciência do seu valor intelectual, porque sabe que no momento preciso tem ele capacidade para apresentar ao público obra definitiva e apreciável, Oswald *bluffa* os que não o conhecem, impingindo-lhes romances curiosos, pelo disparatado da sua urdidura e do seu estilo, como essas *Memórias*... Mas o seu talento nem sempre é disciplinado e submisso: tem revoltas e não obedece às molecagens da pena. Algumas, muitas páginas das *Memórias*, com efeito, atestam que Oswald, apesar do seu esforço, não conseguiu realizar a obra *futurista*, a obra desintegrada *perfeita* que ele imaginara fazer: ao lado de uns capítulos ou períodos inegavelmente malucos, vêm outros magníficos pelo estilo, pela forma e pela idéia. É que o doido literário intencional não logrou dominar o espírito sensato do escritor de verdade... Oswald, com as suas *Memórias*, quis se justificar perante o pequeno grupo que ouviu os seus apelos futuristas, e, ao mesmo tempo, demonstrar que o seu talento tem a coragem de afrontar a chacota e apresentar um livro que poderá ficar apenas para, no futuro, patentear a quanto pode chegar um homem inteligente, quando deseja divertir-se...

As *Memórias sentimentais*, apesar de tudo, podem ser lidas. E o podem justamente porque Oswald, malgrado a sua acrobacia, não soube esconder em certas páginas, como disse acima, as belezas do seu estilo. Pode-se ler o seu novo trabalho, mas havemos de chegar todos a idêntica conclusão: mesmo a aceitá-lo como *arte moderna*, não é ele tão moderno como pretende ser, pois, há mais de cinqüenta anos, Azevedo Marques[4], com o *Lenço de Luís XIV*, já havia fundado, em São Paulo, a *escola nova* que tem hoje como pontífices os srs. Paulo Prado, talvez a sério, e Oswald de Andrade, por troça...

A começar pela capa, obra-prima da distinta sra. Tarsila do Amaral e que vai dar oportunidade a outra conferência interpretativa do sr. Blaise Cendrars, as *Memórias* são uma *blague*. Ainda assim, mereceram minha atenta leitura, e confesso que me deliciaram o espírito muito mais do que a *Viagem ao Chile* do sr. Rafael Gurgel, escrita nos moldes antigos...

Graça Aranha. Desenho de Tarsila do Amaral publicado *hors texte* em *Klaxon*, São Paulo, n. 8-9, dez. 1922–jan. 1923.

Sinceridade

O sr. Graça Aranha conseguiu agitar os *passadistas*, a gente ponderada do Rio, com a sua já famosa conferência *futurista*, na qual, como novidade, reproduziu coisas que as revistas européias haviam divulgado em 1909 e 1910 sobre a... *nova escola*. Agitou *passadistas* e jornalistas, sendo que estes desceram a lenha, sem piedade, no ilustre acadêmico, levando-o, assim, mais a sério como apóstolo do absurdo do que como autor da *Estética da vida*... Aqui, em São Paulo, a última façanha do sorridente sr... Graça também repercutiu, oferecendo oportunidade a comentários nada lisonjeiros ao débil demolidor do passado... É que os adversários do escritor de *Canaã* acreditaram na sua sinceridade...

Acreditaram na sua sinceridade e acreditaram mal. O sr. Graça Aranha, que é, sem favor, um homem de alto valor intelectual, entrou pelo *futurismo* adentro empurrado pela mão de um amigo querido — amigo cuja vontade faz desaparecer a do sr. Graça: o sr. Paulo Prado. Diante deste ilustre escritor quinhentista, o sr. Zé Pereira interrompe o dito: some... Não vão, com isso, pensar os malévolos que o sr. Graça Aranha é um desses espinha-de-borracha que se curvam ante o primeiro cidadão apatacado e de posição social ou política elevada. Não. O sr. Graça Aranha é amigo incondicional dos seus amigos, e o sr. Paulo Prado o é seu, há longos anos, dedicado. Para o sr. Graça, há duas coisas veneráveis: Deus no céu, e o sr. Paulo Prado na terra... E o sr. Paulo Prado merece essa veneração: o distinto plumitivo é um bom; o seu aspecto, aparentemente agressivo, mal esconde uma alma encantadora, um coração formoso, aberto a tudo o que é para o bem, um espírito eminentemente superior. O sr. Paulo Prado é um desses homens raros que sabem encantar e prender todos aqueles que têm a ventura de merecer a sua intimidade. E o sr. Graça sempre a mereceu.

Ora, o sr. Paulo Prado, ninguém o ignora, é hoje, de fato, o pontífice do incipiente e desastrado *futurismo* paulista. A perniciosa *escola* surgiu do conúbio do ilustre evocador da nossa história com o Oswald de Andrade: — este foi a mãe degenerada e, aquele, o pai...

O sr. Aranha, embora conhecedor do movimento que se esboçava barulhento, não dava o arzinho de sua graça... Ele, sempre tão solícito em fazer suas as idéias do amigo dileto, permanecia mudo: o autor de *Canaã* — pensava — não poderia nunca ser *futurista*... Essa mudez, porém, foi um dia interrompida...

Estou, daqui, a ver a cena que se desenrolou numa das salas do Automóvel Club[1]... O sr. Paulo Prado, *spleenético*[2], refestelado numa *mapple*[3], dessas que abraçam, voluptuosamente, o feliz mortal que a elas se pode abandonar; a pouca distância, contemplativo ante o ídolo venerado, o sr. Graça Aranha, ansioso por um sinal, por uma palavra que lhe permitisse dar mais uma prova de grande dedicação ao companheiro querido... Ao cabo de boa meia hora de sepulcral silêncio, desse impressionante silêncio que tortura e prepara o espírito do *paciente*, o sr. Paulo Prado abriu a boca:

— Ó, Graça, não se compreende a sua atitude...

— A minha atitude será sempre a sua, ordene...

— Ora, Graça, você que, apesar dos seus setenta anos, é um espírito jovem, vive a nos impingir velharias, literatices ranços... Acabe com isso e demonstre que a sua mocidade é um fato, que você é moderno! Seja futurista, homem! Contemple o Oswald e veja como ele, depois que abraçou a *arte moderna*, conseguiu crescer... Faça você o mesmo...

E foi assim que o sr. Graça Aranha entrou, sinceramente, convencidamente, pelo *futurismo* adentro; foi depois disso que a conferência veio, provocando, com grande gáudio do sr. Paulo Prado, a barulheira registrada pelas folhas cariocas e que os telegramas trouxeram aos jornais paulistas.

Agüentava firme o sr. Graça a pancadaria grossa com que os escritores antifuturistas mimoseavam suas costas imortais quando o sr. Paulo Prado, sorrindo perversamente, comentava com o Oswald a conferência polvorosa...

— Este Graça, meu caro Oswald, já não dá para nada... Ele nunca será capaz de escrever uma obra-prima como *As memórias sentimentais de João Miramar*... O Graça é um homem liquidado: quis fazer *futurismo* e acabou revelando-se o mais cacete dos passadistas... Foi um desastre. O Graça não pode pertencer à nossa escola, à escola moderna... Lamento não poder dizer isso por escrito, publicamente; as nossas velhas relações não o permitem. Você, porém... não teria impedimentos...

– Não há dúvida... Aplico-lhe o *Pau-Brasil* no lombo... É ele realmente um passadista intolerável...

E mestre Oswald, num artigo inserto no *Correio da Manhã*[4], vibrou, em estilo antigo, o cacete no companheirão da semana teratológica, chamando-lhe passadista, arcaico, rançoso...

Executada a primeira parte do programa, satisfeito com o gesto do Oswald, o sr. Paulo Prado pensou na defesa do sr. Graça... Pensou e a escolha recaiu, parece, no autor do *Senhor Dom Torres*[5]. Prepare-se, pois, o público, para ler o próximo artigo do boníssimo René Thiollier... Fará uma defesa sincera, porque aprecia de fato o sr. Graça Aranha, e mesmo porque a sua perversidade ainda não deu para fazer o que a do Oswald é capaz...

O *futurismo* do sr. Graça Aranha é, pois, como o do Oswald: meteu-se nele para satisfazer aos desejos de um amigo, merecedor de todas as dedicações; meteu-se nele convencido das belezas da *nova escola*, e satisfeito por ter, assim, aumentado o pequeno grupo dirigido das confortáveis *mapples* do Automóvel Club pelo sr. Paulo Prado.

Podem aparecer contestações, mas a verdade é esta...

Pau-Brasil

Conta-se que, na Paraíba, indivíduo de maus bofes e péssimo caráter, depois de haver tolerado, e mesmo facilitado, durante longos anos, certas liberalidades da esposa, bolchevista no amor, resolveu, um dia, desafrontar a honra ultrajada, suprimindo-a e suprimindo o último dos incautos por ela beneficiados. Os antecedentes, as provas irrefutáveis reunidas, os esmagadores depoimentos das testemunhas não permitiam, entretanto, o reconhecimento da justificativa a que o criminoso se apegara, e que foi o eixo em torno do qual girou a arenga da defesa, produzida por notável advogado, glória do foro paraibano. A assistência que enchia a sala do tribunal mal acabava de se refazer da emoção que lhe produzira a empolgante peroração do causídico, quando um fato, virgem nos anais do júri, a deixou atônita: o acusado, de pé, solene, depois de solicitar a palavra, que o presidente bisonho lhe concedera, dirigindo-se aos jurados, exclamou:

— Depois do que disse o meu advogado, se no conselho de sentença houver um..., que me condene!...

O argumento foi decisivo: a absolvição veio por unanimidade.

O festejado quinhentista, sr. Paulo Prado, produzindo a defesa do *Pau-Brasil* de Oswald de Andrade, lançou mão do recurso que, positivamente, não está à altura do seu valor intelectual. Num formoso prefácio, que é mais uma revelação do brilhante talento do escritor que em outros tempos deliciou as elites paulistas com crônicas cintilantes, Paulo Prado faz a apologia da *arte nova*, tentando impor, autoritariamente, a curiosa *poesia* do seu afilhado.

As primorosas páginas do prefaciante assim podem ser resumidas:

— Quem não for pelo *Pau-Brasil* é burro...

O argumento, francamente, não é dos mais sólidos, e eu, por exemplo, prefiro ficar, como diz o prestigioso padrinho de Oswald, no *contentamento obtuso da pedra bruta* a aceitar a muque, pelo receio de ser considerado alimária, o *Pau-Brasil*, prazenteiramente alisado pelo culto historiador das *Paulísticas*, cavalheiro perfeito que eu respeito e admiro.

E como eu, felizmente, pensa hoje o festejado Menotti del Picchia, ainda há pouco discípulo amado do impagável artista das *Memórias sentimentais de João Miramar* — outra pilhéria impressa que descongestionou o fígado de muita gente boa... Efetivamente, o vitorioso poeta de *Juca Mulato*, em artigo magistral divulgado pelo *Correio Paulistano*[1], onde outrora o *Pau-Brasil* era embandeirado em arco, sem deixar de render merecida homenagem à capacidade intelectual do humorístico *inovador*, reduziu à expressão mais simples o pitoresco volume agora editado em Paris. As últimas linhas desse libelo, entretanto, revelam certa incoerência: aplaudiram as *iluminuras* da autoria da distinta senhora Tarsila... Os elogios de Menotti não procedem: essas *ilustrações* são inferiores aos versos, pertencendo, embora, à mesma escola...

— Será realmente detestável a poesia nacional que o eminente Paulo Prado quer impor às novas gerações? — perguntará o leitor.

Para fugir à pecha de suspeito, aqui reproduzo a primeira página do capítulo dedicado à *História do Brasil*:

Pero Vaz Caminha

A descoberta

Seguimos nosso caminho por este mar de longo
Até a oitava da Páscoa
Topamos aves
E houvemos vista de terra

O selvagem

Mostraram-lhes uma galinha
Quase haviam medo dela
E não queriam pôr a mão
E depois a tomaram como espantados

Primeiro chá

Depois de dançarem
Diogo Dias
Fez o salto real.

Ora, muitos anos antes do *Pau-Brasil*, o sr. Gil Pinheiro, nas suas *Primícias*[2], foi mais descritivo, mais interessante e mais *pau... Brasil*, dizendo, ao relatar a *descoberta*:

E os índios Brasileiros do Amazonas
A pularem, dançarem e fazerem gaifonas...
Também os chefes na cabeça usavam
Penas de papagaios e de jacu
Com braceletes eles se enfeitavam
Pintando-se com tinta de urucu.

E o sr. Gil Pinheiro não necessitou de paraninfos para vir a público: teve a grande coragem de escrever o prefácio da própria obra, que o carrancismo da época não percebeu, com as girândolas hoje dispensadas a produções bem inferiores às suas, como é, inegavelmente, o recente parto de Oswald de Andrade...

Não se tome, porém, a sério a nova "*arte*" de Oswald, desse perdulário do talento que vive a fazer "*blagues*".

Quando do aparecimento das *Memórias sentimentais de João Miramar*, tive a oportunidade de, em rápidas linhas, aludir à sua personalidade, que conheço como poucos. Oswald resolveu divertir-se à custa daqueles que o consideram sinceramente adepto de uma escola sem discípulos... Sua preocupação é apenas demonstrar que um homem de talento tem liberdade de praticar todos os disparates, na certeza de que saberá justificá-los e defendê-los com brilho. E é assim mesmo. Os homens de valor, e ele o é, sem favor o digo, podem dar-se ao luxo de praticar aquilo que os medíocres não poderão nunca fazer... Oswald de Andrade tem talento para dar e vender e, com a mesma facilidade com que alinhava extravagâncias como as contidas no "*Pau-Brasil*", é capaz de escrever um volume de fôlego, em estilo fulgurante, cheio de conceitos que obrigam à meditação. E é exatamente por isso que abusa... Sua poesia nacionalista, porém, apesar do esforço feito para se revelar criador de uma arte teratológica, patenteia em muitas páginas idéias que se não submeteram à vontade do "*inovador*"...

Infelizmente, porém, nem todos o conhecem como eu o conheço, e os que com ele tiverem o primeiro contato através do "*João Miramar*" ou do "*Pau-Brasil*" formarão, forçosamente, juízo errado a seu respeito, qualificando-o, talvez, de nulo ou de doido, quando, positivamente, nada tem de doido nem de nulo...

Paulo Prado, que, num momento de "*spleen*" − para matar as saudades da velha Europa onde passa, que felizardo!, a maior parte do seu tempo —, entendeu dever implantar o futurismo entre nós, tomou Oswald de Andrade a sério e não hesitou em emprestar o brilho do seu nome a uma obra que só pode comprometer pai e padrinho... Tomou-o a sério e quer que todos lhe imitem o exemplo, servindo-se deste apavorante e decisivo argumento:

— Quem não for pelo *Pau-Brasil* é *novo-rico da arte, empregado público da literatura, acadêmico de fardão, gênio de província, poeta de "Diário Oficial", obtuso, pedra bruta, muro de taipa, inabalável e empoeirado...*

É tudo isso...

É o original processo do homem da Paraíba aplicado ao caso, com alguma variante.

MENOTTI DEL PICCHIA

Chuva de pedra

ORDEM E PROGRESSO

COMPOSTO E IMPRESSO NAS OFFICINAS DA EDITORIAL
HELIOS LTDA. — NOVISSIMA, EDITORA — S. PAULO, 1925

Reprodução da capa original de *Chuva de pedra* (São Paulo, Novíssima, 1925).

Chuva de pedra

Sou velho admirador do grande talento de Menotti del Picchia. Dentre os escritores da atual geração, o autor de *Juca Mulato* — a obra que firmou o seu valor como poeta autêntico — é, sem favor, o mais espontâneo, o mais cintilante. Foi esta, invariavelmente, minha despretensiosa e não solicitada opinião a seu respeito, manifestada mesmo nos momentos em que o original futurismo de Oswald de Andrade nos forçou a divergir de maneira menos suave...

Como nessas ocasiões rendo hoje, novamente, homenagem à sua capacidade intelectual, e faço algumas restrições quanto à sua sinceridade.

Não sou infalível. Mísero mortal, estou sujeito a erro, como todos os mortais. É bem possível, pois, que meu julgamento parta de ponto de vista errado. A literatura, a poesia e o jornalismo de Menotti nem sempre são sinceros. Abusando do seu poderoso talento, o esfuziante cronista de *Pão de Moloch* muda de idéias, de estilo e de escolas com incrível facilidade... É passadista, se o passadismo estiver na moda; é futurista, se o futurismo estiver dominando... Será adepto entusiasta da escola do Silêncio, se o silêncio for adotado como escola literária... Consultando-se a bagagem de Menotti, já reunida em volume, e examinando-se serenamente seus escritos esparsos, chegar-se-á à conclusão a que eu cheguei.

Essas mudanças bruscas, por muitos consideradas fruto da evolução, são, ao contrário, filhas da insinceridade. Ainda recentemente, quando o humorismo irreverente de Oswald preparou essa coisa desopilante que se denominou *semana de arte moderna*, reduzido grupo de moços de real merecimento entendeu lançar entre nós, depois de envelhecido e fracassado no velho mundo, o futurismo, Menotti tomou a dianteira, defendendo-o com a habilidade e o brilho que lhe são peculiares.

Mais tarde, entretanto, Oswald arrepiou carreira: o futurismo já não passava de coisa arcaica e, em nossa terra, *todo o indivíduo receoso de ser burro era futurista...*

Para não figurar ao lado dessa tropa, repudiou a novidade, ingressando para a impagável escola do *Pau-Brasil*, de que foi criador e único freqüentador...

Menotti, entretanto, permaneceu firme no seu posto, desancando o desertor — companheiro e chefe da véspera... Poucas semanas decorridas, porém, voltou, por sua vez, à velharia, escrevendo deliciosos períodos justificativos da retirada... Seus leitores, aturdidos, não encontravam explicações para o curioso fenômeno... Alguns meses depois, eis que Oswald surge de Paris com o *Pau-Brasil*, desta feita não como escola, mas como rótulo de volume de supostos versos, sustentados, a sério, pelo fino ironista que é Paulo Prado. O prefaciante, no intuito de impor a *blague*, argumentou, decisivo: quem não for pelo *Pau-Brasil é gênio de província, acadêmico de fardão, poeta de Diário Oficial, muro de taipa, inabalável e empoeirado...* Menotti del Picchia, pouco se importando com isso, veio corajosamente a público para discordar de Paulo Prado, e para desancar a curiosa poesia de Oswald.

Estava no bom caminho. Esta, pelo menos, era a impressão dos seus leitores. Impressão errada. Mal acabava de extinguirse o eco do seu equilibrado artigo-repulsa, apareceu com *Chuva de pedra*, que é *Pau-Brasil*, embora um tanto melhorado... Quando foi sincero? Ao atacar a extravagante escola que Oswald afirma freqüentar ou agora? Difícil é a resposta. Certo é que nem tudo quanto *Chuva de pedra* encerra é poesia. Nele encontram-se coisas deliciosas ao lado de coisas horríveis. A poesia de Menotti, para mim, está em *Juca Mulato*, presentemente relegada às urtigas, como a de todos os demais poemas que lhe granjearam a reputação de artista ilustre do verso. Em *Juca Mulato*, penso, Menotti foi sincero. Em *Chuva de pedra*, não. O título, aliás, aí está a gritar que não rotula poesia... E poesia, francamente, não é isto:

A lua nova balouça o seu berço de prata
num céu de biombo.
E o barquinho de papel que soltei na enxurrada,
lembras — Menotti — quando eras marinheiro?

Eu já tive faluas e bojudos cargueiros
porque já fui Dantés, o Conde de Monte Cristo.
Depois virei Simbad... Com turbante e com fustas
no mar da China apresaram-me corsários
numa abordagem em que se foi minha fortuna...

Só fiquei com a lua nova
meu último brigue solitário
perdido no Mar da Noite
com seu carregamento de saudades...

Isto também não é:

Todos os estilos ancoraram no cais mole
do asfalto fidalgo...
Dentro daquele parque
fuma goiano um califa enriquecido
com uma fábrica de alpargatas da rua 25 de Março
O sr. Conde está bebendo Chianti
servido por um criado de libré

Até as colunas de mármore são cimento armado.
E domingo, em Rolls Royce ou em Ford
passaremos em revista, na parada do corso
todos os candidatos à consagração da Avenida.

E note-se, esta *poesia* foi publicada ao tempo em que Menotti
era pelo futurismo e, como este, foi repudiada porque, declaran-
do-se adversário da escola que abraçara, *ipso facto* declarou
como inexistentes as produções inspiradas por essa mesma escola... Agora, entretanto, ela ressurgiu à página 55 de *Chuva de
pedra*, e, a aceitar-se como sincero seu prefácio, esse é o seu
primeiro livro de versos. Não conta como tais seus poemas, pois
com *sua estrutura traçada sobre plano premeditado, não repre-
sentam, como estas poesias, os vários flagrantes comocionais
do* seu *espírito em transe lírico, nem a irrequieta fixação de um
estado de alma diante da paisagem*. Ao publicar este *livro* sente
pudor e ternura. Há nesta alvorada lírica da sua *sensibilidade o
alvoroço tímido de uma estréia. Nunca, porém,* seu *amor foi tão
grande como o que* derrama *nestas rimas, onde* sente *que vi-
bram — como nos pedaços do corpo de Ísis espostejado — vivas
estilhas da* sua *própria alma.*

Os precedentes autorizam a não se dar crédito às suas palavras.
Elas e *Chuva de pedra* não foram sugeridas pela sinceridade. Não
é possível que um artista do seu valor possa destruir obra poética
tão apreciável, com um volume cujas belezas não conseguem
amenizar a má impressão provocada pelas inúmeras frivolidades
que, como estas, nem sequer têm o sabor da novidade:

OS RIOS — Para diante! Para diante! Depois da campina um barranco; depois de um barranco, a floresta! Muito bonito tudo isso...
Muito bonito... Nós somos os "globe trotter"[1] das águas, os
andarilhos fatalizados que caminham à aventura, os eternos ci-
ganos aquáticos...
AS CACHOEIRAS — Salto de estilo, não?

AS NUVENS — E nós? Os "stores"[2] do céu. De noite, alguns nimbos de seda transformam-se em "veilleuse"[3] da lua. Quando cobrimos todo o firmamento com cúmulos cor-de-estopa parecemos o toldo de um grande circo de cavalinhos...

O HOMEM — E eu, que sou no meio desse circo?

O DESTINO — O palhaço...

Menotti del Picchia é um vitorioso das letras. Sua obra e seu talento lhe dão o direito de divertir-se com o público, oferecendo-lhe livros que o comprometeriam seriamente se já não estivesse recomendado por seus trabalhos anteriores. Se tivesse estreado com *Chuva de pedra* estaria irremediavelmente perdido. Manhoso e inteligente, porém, só resolveu imitar o *Pau-Brasil* depois de ter o nome consagrado... *Chuva de pedra* não é sincero. Melhor, parece ter alguma coisa sincera: a *oferenda* e a parte subordinada ao título *Este é o poema do meu amor...*

Não se moleste, entretanto, Menotti, com a minha desvaliosa opinião. Ao traçar estas linhas não tive em mira criticá-lo. Senti-me apenas — dadas as nossas conversas passadas a propósito de futurismo e de brasilidade literária — no dever de percorrer mentalmente seus escritos mais próximos para chegar à sua insinceridade, que eu já de outras feitas acentuei, sem o desejo nunca de procurar ofuscar o brilho do seu valor, antes para afirmar que os homens da capacidade mental de Menotti têm o direito de escolas e de idéias com a mesma facilidade com que se muda de colarinho, visto que somente os homens de talento têm a ventura de justificar essas mutações bruscas de maneira a convencer seus admiradores desprevenidos.

E eu mesmo, tal é a magia de seu verbo, acabaria convencendo-me da sua sinceridade, ou das suas sinceridades, se não estivesse prevenido e fartamente documentado...

30 SACAS DE CAFÉ

Subscrição, em sacas de café, feita pelo quin=
zenario "terra roxa e outras terras", para a aqui=
zição, em Londres, de um autógrafo do

PADRE ANCHIETA

Subscritores	Sacas postas em Santos
Redação de "terra roxa" . . .	1 saca
p. p. do Conde de Prates,	
José E. Prates	1 "
Carolino da Motta e Silva . . .	1 "
pela Cia. S. Martinho,	
Paulo Prado	2 sacas
Henrique Queiroz	1 saca
A. V. Cerquinho	1 "
José de Souza Ferreira	1 "
João B. Ferraz Sampaio	1 "
Elyseu T. de Camargo	1 "
Thadeu Nogueira	1 "
Edgard Conceição.	1 "
Macedo e Irmão	1 "
Luiz Alves de Almeida	2 sacas
Pio Lourenço Correia.	1 saca
Reginaldo de Moraes Salles. . .	1 "
Carlos Leoncio de Magalhães . .	1 "
Limpo de Abreu	1 "
Martinho da Silva Prado . . .	1 "
José V. Queiroz Ferreira . . .	1 "
Total subscrito	21 sacas

A subscrição continúa aberta.

Relação dos subscritores para aquisição de uma carta do Padre
Anchieta, publicada na revista *Terra Roxa e Outras Terras*, São
Paulo, n. 2, fev. 1926.

Autógrafo quinhentista

Terra Roxa e Outras Terras, quinzenário modernista que no outro dia iniciou publicação[1], abriu seu primeiro número com interessante artigo firmado por Paulo Prado. Nesse trabalho, o ilustre historiógrafo revela-se o mesmo escafandrista do passado, disposto sempre a preparar a mocidade ao culto das velharias e das glórias de antanho...

Modernista, chefe do grupo respeitável dos *jovens turcos* da literatura nacional, Paulo Prado escreve hoje como no tempo longínquo em que deliciava os leitores do *Correio Paulistano* com suas crônicas primorosas. Ansioso por um movimento revolucionário nas artes e nas letras pátrias, não se sente ainda com coragem bastante para assinar coisas no gênero *verde e amarelo*... E é salutar essa ausência de ânimo...

Em *Terra Roxa*, cheia de colaboração saída da pena arrojada dos seus companheiros de jornada, seu artigo é nota dissonante. Sua leitura convida a gente a imitar-lhe o estilo antigo, sem ser rançoso...

Autógrafo anchietano, exposto à venda em Londres, levou Paulo Prado a produzir os encantadores períodos que inspiram estas linhas despretensiosas. Trata-se de carta endereçada ao capitão-mor Jerônimo Leitão e escrita, em letra miúda e firme, por José de Anchieta[2] em 15 de novembro de 1579 — carta que a livraria londrina Magg Bros[3] deseja liquidar pelo preço irrisório de duzentas libras esterlinas. A perda possível do interessante e valioso documento chocou o sentimentalismo e o patriotismo do ilustre escritor, que, evocando a Piratininga de Anchieta e comparando-a com a de hoje, interroga, visivelmente contrariado:

> Será possível que São Paulo permita que o documento precioso desapareça nalgum leilão de autógrafos, ou caia nas mãos dos ávidos colecionadores americanos? Governo ou particular, dinheiro do Tesouro ou subscrição pública, seja como for, é preciso que o autógrafo de Anchieta volte para donde partiu séculos atrás. Custa 200 libras: o valor de trinta sacas de café.

Ora, a conclusão do seu artigo, acima transcrita, deve ter produzido na espinha dos seus confrades o efeito de violenta ducha de água gelada, pois se escrevendo é o passadista de sempre, passadista também se revela como homem de iniciativa, apesar de camuflado de modernista intransigente...

Efetivamente, desde que o mundo é mundo, o sentimentalismo patriótico bem intencionado, toda vez que se tratou de impedir que os arquivos e os museus nacionais se vissem privados de objetos ou documentos históricos de valia, lembrou, invariavelmente, as medidas agora alvitradas pelo sr. Paulo Prado. Os autores dessas idéias velhas, entretanto, tinham a seu favor atenuante digna de respeito: a falta de dinheiro... Deste mal, homem feliz!, não sofre o elegante e fino plumitivo paulista...

O sr. Paulo Prado está confortavelmente instalado na vida. Para ele, o dispêndio de duzentas libras, sete contos de réis ao câmbio de hoje, provocaria o mesmo desequilíbrio que a um pobre mortal como eu acarretaria a despesa imprevista de uma das nossas desvalorizadas cédulas de cem mil réis... Para que, pois, apelar para a fortuna particular, que neste terreno é bem mais modernista do que o sr. Paulo Prado? Para que chamar à fala os cofres públicos, sujeitos a leis especiais ou a inevitáveis e nem sempre serenos registros no Tribunal de Contas? Moderno seria o sr. Paulo Prado se resolvesse converter trinta das suas sacas de café em documento histórico, confiando-o, depois, à zelosa guarda do erudito sr. Taunay[4], no Museu do Ipiranga. Esse deverá ser o gesto do sr. Paulo Prado, na certeza de que receberia o aplauso dos seus concidadãos e, quiçá, se não seria capaz de engrossar as fileiras do minguado exército literário que comanda. Mas o distinto cultor do passado paulista não pensa assim. É que na hora do esforço material, embora pequeno, somos todos iguais, perfeitamente iguais... Ricos, remediados e pobres; governos e governados; gênios ou medíocres, hoje, como sempre, são comodamente passadistas... Nessa hora, são todos única e exclusivamente conselheiros... Acácio[5], também, aconselhava e é por isso que ainda hoje está tomando bordoada do sr. Paulo Prado e do seu luzido séqüito intelectual.

Em todas as escolas, como se vê, os dois pesos e as duas medidas não serão nunca dispensados... Se eu, homem de trabalho, sem bens proporcionadores de renda certa e respeitável, sem sacas de café, viesse a público para, em letra de forma, aconselhar a compra da carta amarelecida de Anchieta, veria enfileirada contra mim a legião modernista a gritar em *verde e amarelo* e empunhando o *Pau-Brasil*:

— Compre você!

Como, porém, a antiquada lembrança partiu de Paulo Prado, cavalheiro que prezo e respeito pelo seu valor intelectual e pela sua alta distinção, o modernismo ambiente bate palmas e aguarda ansioso que o Tesouro entre com as duzentas libras, ou que fazendeiro rico ofereça trinta sacas de café, para experimentar a sensação do contato com esse papel velho e deliciar o espírito com o português escrito em 1579 por Anchieta — com esse mesmíssimo português arcaico que eles atualmente combatem com tanto furor...

São essas, aliás, as exotices do modernismo nacional... Escrevem "*novidade*" para embasbacar os ingênuos e deitam-se, os que o podem fazer, em camas de jacarandá da Bahia do ano de 1700...

Aplaudem os quadros de Léger, mas dariam fortunas para poder possuir um Rafael[6] detestável...

René Thiollier, meu velho e querido amigo, é também como Paulo Prado modernista... A sua literatura, entretanto, encerra tudo quanto possa existir de passadismo equilibrado. Os seus hábitos, as suas idéias, as suas roupas — tudo retrata o boníssimo René dos saudosos tempos de estudante. Até os seus sentimentos não sofreram a evolução por que passaram os de quase toda a gente dominada pelo utilitarismo e comodismo da hora presente. Mas... para todos os efeitos externos, é modernista... E, como tal, não podia deixar de ocupar o espaço maior da *Terra Roxa*...

Mais de página, subordinada ao título *Nós, em São João Del Rei*[7], escreveu o autor do *Senhor Dom Torres*. A prolixidade e o título condenam, logo no início, o pitoresco modernismo de René. O conteúdo do artigo, então, o fulmina irremediavelmente. E sabem os leitores de que trata o simpático escritor, nesse seu extenuante trabalho em excelente estilo octogenário? Da viagem de distinto grupo, constituído de senhoras e cavalheiros paulistas, a Minas, cavalheiros e senhoras que em sua companhia levaram a extravagância literária de Blaise Cendrars, cuja obra mais notável e merecedora de respeito e aplauso foi o seu concurso nos campos de batalha, onde, fleumático e heróico, deixou um dos braços.

Seria, porém, essa uma nova excursão futurista?

Absolutamente!

A fina caravana paulista foi visitar e admirar as antiguidades ainda existentes no estado vizinho... Foi o modernismo genuflexo a render sentida homenagem à arte antiga, a essa arte hoje violentamente combatida pelos novos apóstolos... Aí está. E como René descreve essa romaria votiva? Como em

1830 a teria descrito apurado futurista da época. Veja-se, por exemplo, este final do seu bem-feito artigo:

E tornei ao meu quarto para uma *toilette* sumária. Dispondo o meu estojo sobre o lavatório, tirando as minhas roupas da mala, desdobrando-as sobre a cama, fui-lhe correndo os olhos: havia ali muito que observar, sem dúvida. Prometi-me a mim mesmo uma jornada em torno dele, demoradamente, ao dia seguinte, assim como o fez em torno ao seu Xavier de Maistre[8]. Nisto um sino tangeu. Tangia uma toada plangente. Dir-se-iam badaladas de agonia. Estanquei o olhar: sustive-me a escutá-lo. Dentro de mim suspirou funda uma saudade: a começo, vaga, imprecisa; depois, e aos poucos, dos meus tempos de menino, da minha travessa em São Paulo. Aquele mesmo sonido tinha o sino da Sé. A rua, embaixo, se foi enchendo de um sussurro de vozes: ruídos de passos que se arrastavam. Acheguei-me para a janela. Eram os fiéis que recolhiam às suas casas. O ofício de trevas acabava na matriz. Por sobre os telhados, além, em certa elevação, à minha esquerda, emergiam as suas duas torres quadrangulares, iluminadas. E a lua, a nossa fagueira companheira de viagem, roçando por tudo o seu *peplum*[9] de prata, como que as mirava de cima, nostálgica e sonâmbula, de um céu azul, estrelado e alto.

É ou não o lirismo de há cem anos transportado para o órgão modernista de 1926? Explicando-se, provavelmente o meu bom René dirá que o seu modernismo consiste no atraso da divulgação das suas impressões de viagem...

E, nisto, estamos de perfeito acordo...

Caricatura de Paulo Prado, por Di Cavalcanti (s. d.).

Uma carta de Anchieta

O meu último rodapé mereceu do fino e cintilante espírito de Paulo Prado a deliciosa epístola que me apresso em divulgar. Recebi-a à tarde das mãos amigas de Antonio de Alcântara Machado e, francamente, sinceramente o digo, encheu-me de satisfação. Pela amabilidade que me dispensou e pelas declarações que encerra a propósito do modernismo do seu ilustre autor, aliás, razoavelmente explicado na minha despretensiosa crônica. Paulo Prado confessa sua *fraqueza pelas coisas do passado* e afirma a admiração por Léger e Rafael. É, a um tempo, passadista e modernista... Isto já era sabido. Os seus escritos primorosos aí estariam para o atestar se a sua palavra não viesse, espontânea, a estabelecer a confusão nos mal orientados redutos futuristas... Mas na carta de Paulo Prado há também uma alegação que merece especial exame. A minha lealdade não permitiria silenciar a respeito, uma vez que ela diz, sem preâmbulos, os motivos que o levaram a chamar à fala tesouro e fortuna particular para reunir as trinta libras, indispensáveis à compra da carta de José de Anchieta, exposta à venda numa livraria de Londres.

Foi por altruísmo — *escreve* — que proporcionei aos meus colegas argentários, na compra da carta anchietana, uma preciosa ocasião para fazer figura. Em São Paulo faltam pretextos para a generosidade dos ricos nessas questões de inteligência.

A explicação é digna de acatamento, e se essa foi, de fato, a razão determinante do apelo, está a sua iniciativa, passadista, perfeitamente justificada. Penso, entretanto, que Paulo Prado foi menos completo afirmando faltarem em nossa terra pretextos à generosidade dos ricos nessas questões de inteligência. Eu diria, ao contrário, que, geralmente, os ricos têm apenas dinheiro, e que o dinheiro desconhece generosidade dessa ordem... Dinheiro pede juros, e o autógrafo anchietano reclama apenas o dispêndio de libras... Onde, em nossos meios, o nababo capaz de empregar sete contos de réis para render homenagem a Anchieta? O altruísmo de Paulo Prado, acredito, não surtirá efeito... Ainda assim, forçoso é reconhecer-se que o culto autor de *Paulística* foi hábil na sua defesa — aliás, não reclamada no meu rodapé. Desaparecida, diante do exposto, a razão do reparo sugerido pelo apelo às libras alheias, deliciemo-nos, agora, com a leitura de sua epístola:

25 de janeiro — Meu caro sr. Stiunirio Gama — O seu folhetim de hoje pôs-me deveras embaraçado. Geralmente discutem-se aqui essas questões de Arte e Literatura como numa partida de futebol, aos pontapés... Expressões amáveis, referências gentis, e uma bondosa simpatia destoam e perturbam. Só um desaforo. É o que se refere à minha colaboração em época remota no *Correio Paulistano*. Dessa eu já me tinha quase esquecido. Lembrava-me vagamente de um rapaz magro, sempre de preto, com olheiras e romantismo, que namorava pelas colunas do *Correio*. Parecia-se comigo como um irmão. Para que evocar essa aparição? Já se sumiu no passado.

Vagarosamente tive que reconquistar uma outra mocidade. Segui um tratamento cuja receita já revelei uma vez.

A parte de sua crônica que mais me tocou foi a que se referia à minha riqueza. Um conhecido meu, americano e veterano das lutas bolsistas de Nova York, disse-me uma vez: "Meu caro amigo, nunca se queixe de o chamarem de rico. O contrário é que é mau: chega a ser uma inferioridade intelectual". E foi por altruísmo que proporcionei aos meus colegas argentários, na compra da carta anchietana, uma preciosa ocasião para fazer figura. Em São Paulo faltam pretextos para a generosidade dos ricos nessas questões de inteligência. Este que descobri é ótimo para emulações miliardárias. Trinta sacas de café. A *Terra Roxa e Outras Terras* já preparou a tulha. Não perturbem o serviço. Confesso a minha fraqueza pelas coisas do passado. Tanto admiro Léger como Rafael. Se eu tivesse, porém, o gênio e arte do padre Antônio Vieira, em vez da história do passado, escreveria como ele a História do Futuro[1]... Falta-me para isso em talento o que me sobra em dinheiro.

Agora, uma última observação. A *Terra Roxa e Outras Terras*, na sua apresentação, disse que seguia a linha geral do espírito moderno, "sem saber bem o que isso era", mas procedendo por exclusões. A sua prosa, por exemplo, é pura prosa moderna. Clara, direta, sem literatice. Stiunirio Gama faz prosa moderna como Monsieur Jourdain[2] fazia prosa — sem o saber.

Para essa é que preparamos a *Terra Roxa e Outras Terras*. Com toda a admiração e simpatia, seu muito obrigado. — PAULO PRADO.

Não posso, não devo encerrar estas linhas sem um agradecimento, à parte, pela referência amável à minha *prosa moderna que faço, como Mr. Jourdain — sem o saber*. Confunde-me a opinião valiosa de Paulo Prado, pois rabisco hoje como há vinte anos passados. Nunca fiz literatice, procurando sempre dar às minhas garatujas simplicidade e clareza. Nada de ramagens. Se isso é modernismo, eu já era modernista quando os inovadores patrícios surgiram; se a minha prosa é realmente moderna, não sei porque os chamados modernos andam a escrever coisas complicadas...

Bastaria que os chefes do movimento os aconselhassem a imitar meu andrajoso estilo...

Fotografia de René Thiollier em sua biblioteca na Villa Fortunata, residência localizada na esquina da avenida Paulista com a alameda Ministro Rocha Azevedo (cerca de 1925).

O passado e o futuro

De René Thiollier, meu querido e velho amigo, recebi a carta explicativa que abaixo reproduzo, acompanhada de poucas linhas confirmativas do meu juízo anterior sobre o modernismo da sua literatura passadista:

Meu caro Stiunirio Gama – Paulo Prado respondeu-lhe. Claro está que não me posso deixar ficar calado. Também eu fui visado no mesmo folhetim.

Diz você que a minha literatura encerra tudo quanto possa existir de passadismo equilibrado. E isto porque, no meu trabalho na *Terra Roxa* sobre a nossa viagem a Minas, usei de um ritmo ordenado para traduzir emoções suaves de doce beatitude – emoções produzidas num ambiente amolecente de imensa calma, todo ele espiritualizado de uma poesia de mistério, em aladas fugitivas... (Que tal esta frase?... Ultrapassadista, não?... Corcovada dos anos! Octogenária!)

O fato, no entanto, valha a verdade – meu excelente Stiunirio Gama –, é que ser moderno não significa esquecer o "passado". Proclamou-o ainda, há dias, num artigo publicado no *Jornal*, Ronald de Carvalho[1], um dos precursores do movimento moderno no Brasil.

Ora, sendo assim, é natural que, numa visita a uma região onde o passado ainda tem a sua majestade, onde ele ainda reina numa sonolência agônica, eu dele me impregnasse até a medula.

Daí o motivo por que você estranhou aquela lua 1830, nossa fagueira companheira de viagem que, roçando por tudo o seu *peplum* de prata, mirava, nostálgica, as torres da matriz de São João Del Rei, de um céu azul, estrelado e alto. — Seu, muito sinceramente, *René Thiollier*.

René é retardatário impenitente — nas cartas como nas impressões de viagem... Podendo ter escrito as linhas acima antes, para serem divulgadas juntamente com as de Paulo Prado, perdeu o trem e veio com vinte e quatro horas de atraso, forçando-me a nova referência ao meu último rodapé, o qual, pelos modos, tem servido de reclame editorial à *Terra Roxa*. Nisso os distintos expoentes do modernismo estão sendo, positivamente, ultrafuturistas... Reclame assinado, em corpo oito, entrelinhado, e... de graça. Faço-o, aliás, gostosamente. Paulo Prado e René Thiollier bem o merecem, porque no pequeno exército inovador eles permanecem inabaláveis, aferrados às letras antigas. Admiro-os, pois, pela coerência e pelo jeito com que sabem induzir seus companheiros a não lhes imitar o estilo, deliciosamente arcaico. René, então, chega a exagerar. Depois da sua página *Nós, em São João Del Rei*, exumei da minha estante Casimiro de Abreu[2] e comparei. René bateu-lhe galhardamente. O lirismo do poeta da Barra de São João foi posto no chinelo. As suas impressões mineiras suplantaram *Primaveras*... A explicação é fácil. Sensível como uma donzela, sentimentalão metido em frágil arcabouço de iconoclasta, René desmanchou-se todo ante a majestade do passado... A medula impregnou-se-lhe de poesia misteriosa, e o pândego disparou para São Paulo evocando a demolida Catedral e a quase totalmente reconstruída Travessa da Sé, inspiradoras de páginas menos líricas do que as sugeridas pela nova arte... A nobre confissão de René revela, quando nada, que o seu espírito não está de todo preparado para formar convencidamente nas fileiras da inovação. Seu entranhado amor à decrepitude literária – santa decrepitude! – domina-o ainda fortemente. Seus pruridos demolidores cessam diante da antiguidade majestática. A clássica pomada de Helmerich[3] não produziria para a sua coceira modernista o mesmo e pronto efeito causado pelos casebres vetustos de São João Del Rei... E é por isso que eu sempre pus em dúvida a sua sinceridade futurista. Eu e os seus trabalhos literários, que são protesto perene contra a sua suposta evolução... para pior. E isso é um bem, pois, se René tivesse sofrido realmente a influência da nova e nada caudalosa corrente, estaria agora em sérias dificuldades para escrever em linguagem *verde e amarela* aquela *lua fagueira, sua companheira de viagem, que, roçando por tudo o seu* peplum *de prata, mirava, nostálgica, as torres de São João Del Rei, de um céu azul, estrelado e alto* – e a literatura nacional teria perdido uma preciosa página desse lirismo doentio que desbancou definitivamente o de Casimiro de Abreu...

Reprodução da cada original de *Pathé-Baby* (São Paulo, Helios, 1926), ilustrada por Antônio Paim Vieira.

Pathé-Baby

Antonio de Alcântara Machado é um homem de vinte e quatro anos. Pois a esse homem eu conheci criança, o que não é para estranhar se considerarmos que, pobre de mim!, conto quase duas vezes sua idade... O que é digno de registro é que o conheci criança e espontaneamente aferrado aos livros, com uma grande, uma incontida ânsia de aprender e saber. Esse estudo, entretanto, não lhe impedia a leitura assídua de tudo quanto de bom existe sobre literatura e teatro. Menino, emitia juízo com a segurança que a velhice convencida não é geralmente capaz de ter. O seu pai, o ilustre e notável mestre Alcântara Machado, olhava embevecido para o seu rebento prodígio e silenciava. É que tinha e tem, agora mais do que nunca, certeza absoluta do seu futuro, mas longe do que costuma fazer o entusiasmo paterno, não perturbou, com exclamações descompassadas, os estudos e as tendências literárias de Antonio. Com um sorriso, aquele sorriso todo seu, que aplaude ou fulmina, sorriso que somente conhecem os que têm a honra de freqüentá-lo assiduamente, limitava-se e limita-se a aprovar ou a desaprovar. Nisso, se não me engano, segue o processo do saudoso diretor Brasílio Machado[1], que no filho e no neto tem os brilhantes continuadores da sua obra, sempre evocada por aqueles que ainda cultuam os verdadeiros valores morais e mentais. Pois, num dia de setembro de 1921, fui procurado por esse homem perfeito que é Alcântara Machado, amigo querido que há cerca de vinte anos me admitiu à sua intimidade. Vinha tímido e visivelmente embaraçado. A timidez e a modéstia, aliás, são características do valor autêntico. Nenhuma surpresa, pois, para mim, a timidez do velho mestre. Velho *per modo di dire*[2], porque Alcântara tem apenas duas vezes vinte e cinco anos. Disse-me, se me não falha a memória, estas palavras, num tom revelador do seu constrangimento:

– Meu Antonio vai dar alguma coisa. Ainda agora acaba de produzir trabalho que me parece bom e que eu desejaria ver publicado. Você o lerá, e se o julgar publicável, ceda-lhe um pouco de espaço no *Jornal do Commercio*.

Para quem conhece, como eu me prezo de conhecer, o pudor mental de Alcântara Machado, incapaz de elogios imerecidos, essas suas palavras valeram-me como o mais autorizado dos julgamentos. Respondi-lhe logo:

– Mande o trabalho que o lerei com imenso prazer, depois... de publicado.

E a 9 de setembro de 1921, assinado por Antonio de Alcântara Machado, subordinado ao título "Vultos e livros", estampava o *Jornal do Commercio* artigo de quase uma página, apontando, com documentação exuberante, lacunas e erros encontrados no volume em que o espírito investigador e culto de Arthur Motta estuda a obra de membros da Academia de Letras e dos patronos das respectivas cadeiras[3]. De Antonio foi esse, se não erro, o primeiro trabalho de fôlego e de real merecimento, aparecido em letra de forma em jornal de grande circulação e linha inatacável. Já nessa época, com dezenove anos de idade apenas, Antonio de Alcântara Machado – cujo saber fora posto à prova no ambiente acanhado da escola, ginásio e

Faculdade de Direito — revelava ao grande público, antes de concluído o curso jurídico, a pujança do seu talento, que, num egoísmo tão louvável quanto compreensível, eu pensei logo em aproveitar para o *Jornal do Commercio*.

Efetivamente, em janeiro de 1923, tendo-se retirado da folha o crítico teatral, minhas vistas se voltaram para o Antonio. Conhecia sua queda para as coisas de teatro; conhecia sua biblioteca; via-o freqüentador assíduo das casas de espetáculo; ouvia-lhe freqüentemente o comentário justo e oportuno. Ninguém, pois, melhor do que ele, poderia preencher a vaga por tanta gente importante ambicionada... Contra Antonio havia somente sua pouca idade. Coisa de nada, uma vez que hoje os velhos são menos assentados que os moços... e o *jazz-band* avassalador desconjuntou até a decrepitude... Tomada a resolução, procurei o dr. Alcântara Machado, a quem expus o caso, rematando:

— Não lhe daremos muito, mas terá para o táxi. Diga-lhe que me procure.

O mestre amigo sorriu... E o seu sorriso pareceu-me uma promessa. No dia seguinte, à tarde, Antonio entrava em minha sala de trabalho. Tive a impressão de que estava emocionado. Em poucas palavras, tracei-lhe as atribuições. Ouviu atentamente, fazendo-me, afinal, estas três perguntas:

— O jornal tem compromissos com as empresas teatrais? É preciso elogiar sistematicamente? Sou obrigado a dizer o que não sinto?

— Não – respondi-lhe – O jornal não está preso a quem quer que seja; aqui não se elogia sistematicamente; o crítico sempre teve ampla liberdade de manifestar suas opiniões. É preciso apenas não desanimar os que começam. Você é moço e cheio de valor. Abre-se diante de si grande futuro. Ofereço-lhe oportunidade para entrar em contato diário com o público.

E tanta certeza tenho no seu sucesso que desde já está autorizado a assinar suas críticas.

— Aceito, começarei amanhã.

E, de fato, no dia seguinte, estreava-se nos *Teatros e Música*. Não preciso, aqui, dizer do brilho de suas crônicas incisivas. A crítica do *Jornal do Commercio* é crítica de verdade. A incompetência, de quando em quando, esperneia. Mas a quem deve ser atribuída a responsabilidade pela apreciação não poucas vezes desabusada de Antonio? A autores e atores. Antonio, embora algo ríspido, fotografa, e a sua objetiva apanha também os desastres... A incompetência uiva, mas o público aplaude invariavelmente o crítico conscencioso e honesto. E graças à independência das suas opiniões, Antonio de Alcântara Machado conquistou — digo-o sem lisonja — lugar de indiscutível destaque na crítica nacional, onde poucos são os que têm a coragem de dizer aquilo que a consciência lhes dita e os seus conhecimentos aconselham.

Inesperada viagem à Europa afastou Antonio durante alguns meses do *Jornal*. A seção teatral estava temporariamente sacrificada, mas não havia solução possível. Entrei, porém, em acordo com o boníssimo companheiro:

— Você mandará crônicas semanais...

— Magnífico! — exclamou. — Mandarei todas as semanas, pontualmente.

E a promessa foi cumprida. *Pathé-Baby*, hoje, em primoroso volume, enfeixa as crônicas enviadas ao *Jornal do Commercio*, acrescidas de outras, escritas na viagem de regresso ao Brasil. O título foi acertadíssimo. Antonio de Alcântara Machado fotografou trechos vistos com a vista dos olhos e com os olhos do espírito, mais seguros e menos falíveis. Apanhou chapas surpreendentes, detalhadas em estilo todo seu, moderno sem ser futurista, mesmo porque, salvo em exceções honrosas, os que no Brasil se dizem modernistas se apegaram a essa tábua de salvação para escrever baboseiras sem pontuação e sem sintaxe. *Pathé-Baby* lê-se de um fôlego, embora sua leitura obrigue a pensar pelos conceitos lapidarmente contundentes. Quem conhece a velha Europa e quiser ler o volume de Antonio ficará estupefato pela precisão da pintura. Lembrome que quando foi aqui divulgada a *película* da *Normandia*, José Maria dos Santos[4], jornalista ilustre, preto na epiderme mas cristalino no estilo e nas idéias, conhecedor dos vetustos países europeus, perguntou-me:

– Quem manda para vocês essas impressões de viagem?

– É Antonio de Alcântara Machado, bacharel de vinte e quatro anos.

– Pois o diabinho tem talento como gente... A Normandia é isso mesmo: uma fotografia não seria mais perfeita.

Em compensação, recebi muitas cartas atrevidas. Os autores das epístolas agressivas escondiam-se no anonimato e escreviam com os pés... Esbravejavam esses anônimos contra a rudeza com que Antonio aludia a certas regiões por ele visitadas. Cavalheiros distintos fizeram-me, entretanto, pessoalmente e com polidez, reparos quanto à maneira do escritor patrício expor o fruto das suas observações. Alguns jornais chegaram mesmo a bordar comentários envenenados, pelo fato de Antonio aludir à aversão pela água em certos lugares da linda Itália. Reparos improcedentes. Contra a sensibilidade patriótica, aliás, merecedora de aplauso, pode-se atirar o grande, o notável Enrico Ferri[5], que não é menos italiano dos que aqui atacaram algumas páginas do *Pathé-Baby*. Nas suas arengas penais incluiu o mestre dos mestres certa defesa produzida em Roma. O acusado, se ando bem lembrado, fora da Alemanha à capital da península, onde assassinou a amante. Ao chegar à pensão em que a vítima residia, o infeliz pediu logo lhe preparassem o banho. E Ferri, para orientar os jurados, explicou: nessas regiões da Europa, os seus habitantes têm o costume do banho, e além do mais, o acusado viajara trinta e oito horas. O defensor, pois, teve que dar explicações pormenorizadas desse banho, que o homem não conseguiu tomar, explicações perfeitamente dispensáveis se em sua terra fosse o banho mais freqüente. Diante disso, não vejo motivos para zangas, visto que, para documentar sua observação, Antonio pode estribar-se no depoimento insuspeito de Ferri. Isso de banho, aliás, não merece maior importância. A gente toma banho quando pode e quando tem água... Eu tomo-o diariamente. É bem possível, porém, que com a falta do precioso líquido e com o aumento crescente da população eu me veja, em dias não muito remotos, privado desse prazer...

Outros gritaram pela irreverência, ou melhor, porque Antonio registrou apenas o que achou de menos agradável. Estava no seu direito. As belezas da Europa já foram cantadas em prosa e verso. Era preciso que alguém se animasse a descrever o que ela tem de ruim. No Brasil, por exemplo, nada se encontra de bom. Os excursionistas estrangeiros, os que escrevem ou fotografam, têm prazer imenso em apanhar instantâneos de negros descalços... Para essa gente, os pretos são os únicos habitantes desse inferno...

Gina Lombroso-Ferrero[6], que teve como acólito o gênio de seu ilustre esposo, Guilherme Ferrero, escreveu há anos, sobre São Paulo e o Brasil, um livro notável pelos disparates e pelas inverdades agressivas... Ora, Antonio não inventou. Não é, aliás, seu feitio inventar. Escritor moderno, revelou-se aí passadista: imitou os estrangeiros que aqui vêm exclusivamente para fotografar negros. Nada mais...

Pathé-Baby, destinado às pedradas dos que não sabem ler, dos que não têm capacidade de sair da letra fria, é um livro delicioso. Será o maior sucesso literário destes últimos tempos. Reclamo, exijo para mim uma pequena parte desse sucesso autêntico. Não lisonjeio. Mais de uma vez tenho divergido de Antonio. E ainda agora estou com ele em divergência... A carta prefácio de Oswald de Andrade, que ainda neste momento forçou a nota por querer parecer original, compromete o livro. Um consolo, entretanto: as ilustrações de Paim[7] auxiliam o leitor a passar por cima da charada do autor de *Os condenados*...

Pathé-Baby é uma afirmação brilhante. É preciso que Antonio continue. Fixe, porém, seu estilo. Não se deixe levar pelos rabejamentos do modernismo orelhudo... As páginas do *Pathé-Baby* devem ser o seu único padrão. Assim está modernamente esfuziante. Não carregue mais nas tintas, pois se o fizer terei o desgosto de o combater...

Ex-libris de Menotti del Picchia que reproduz um verso da "Ode 11", do poeta latino Horácio, "Carpe diem quam minimum credula posteros" ("Colhe o dia de hoje, e não te fies nunca, um momento sequer, no dia de amanhã", tradução de Ariovaldo A. Peterlini). Reproduzido em *Menotti del Picchia* (Rio de Janeiro, AC&M, 1988, p. 15).

Respondendo à chamada

Menotti del Picchia chamou-me à fala. Estava no direito de o fazer. Não seria justo nem lícito que, tendo eu feito reparos à sua *Chuva de pedra*, silenciasse, e com meu silêncio, aprovasse o derradeiro fruto da árvore... modernista adubada pelo espírito culto de Mário de Andrade. E a estranheza de Menotti justificava-se plenamente: o *Jornal do Commercio*, em rodapé firmado pelo meu querido companheiro Martin Damy, queimou todas as girândolas disponíveis em honra do *Losango cáqui*[1]... Não faço crítica literária na folha onde, invariavelmente, talvez por incapacidade, me limito a fazer exclusivamente jornalismo, coisa bem diferente de literatura. Essa seção de livros novos está agora entregue à inteligência honesta e à cultura sólida de Damy — que não é infalível. Para ele, os *Borrões de verde e amarelo*, de Cassiano Ricardo[2], e o *Losango*, de Mário, são duas obras-primas, como obra-prima poderá ser por ele julgado *Chuva de pedra*. É opinião que respeito e que não quero discutir, pois não tenho por hábito mandar que meus colegas, em artigos assinados, endossem meu modo de pensar. Eles têm liberdade ampla de divergir das minhas opiniões, podendo até desancar-me nas colunas onde tenho alguma autoridade, as quais nunca lhes foram recusadas. Neste momento, por exemplo, estou em franca divergência com o Damy. Divergência elegante, sem discussões verbais ou escritas. Reputo *Losango cáqui* um desastre literário, quase comparado ao do *Paulicéia desvairada*, aplaudido por Menotti... Acho-o inferior à *Chuva de pedra* e aos *Borrões de verde e amarelo* — que não conseguiram empolgar o espírito retrógrado.

— Mas você silenciou! — exclamará vitorioso o rutilante autor de *Máscaras*...

Meu silêncio, entretanto, tem explicação: não recebi o despilante volume, ou melhor, o curioso caso teratológico não chegou às minhas mãos. Vi-o, de relance, com Antonio de Alcântara Machado, e também de relance passei os olhos por uma poesia, a que abre o livro.

Aquele furto da máquina Remington, provocador do desespero do irmão do poeta porque não possuía outra, deixou-me frio... Para achatar esse monstro, só mesmo as COLUNAS DE MÁRMORE *feitas de cimento armado* do Menotti... Não escondi, entretanto, o meu juízo. Ao Alcântara, disse logo:

— E vocês acham isso admirável!

Mas não podia ir além. Ou antes poderia, se quisesse, converter magros mil réis nessa coisa que reputo simplesmente ruim. Mais do que isso: abastadora das inteligências ainda não preparadas para repelir poesia ou literatura desse gênero — feitas com o intuito de estabelecer a desordem na cachola dos que começam a ensaiar os primeiros passos nas letras. Menotti, Mário de Andrade, Cassiano e Oswald abusam do talento com que a natureza os dotou e que o estudo e a leitura desenvolveram. Somente os homens de talento têm o privilégio de se divertirem com o público. E eles usam e abusam desse privilégio...

As produções de Mário, destacadas por Menotti, que assim me forneceu, com a transcrição, o ensejo de melhor conhecê-las, entretanto, só podem abrir os olhos daqueles que ainda acreditam na sinceridade do minguado grupo modernista. Essa *sinceridade* é o que eu combato, visto como não posso compreender que a pena de autores brilhantes, já experimentados em trabalhos que marcaram época e que não morrerão nunca, possa cultivar batatas desse calibre... E a *sinceridade* de Mário de Andrade não difere da do Menotti... Não tenho com ele relações mais íntimas. Conhecemo-nos ligeiramente. Sei, porém, do seu valor e da sua vasta cultura. Mário de Andrade é, sem favor, um dos mais vigorosos expoentes da atual geração pensante. Escreve magistralmente, com espírito, clareza, critério, embora não poucas vezes produza sérias escoriações literárias no adversário... Mas, em geral, quem não receia escoriar ou contundir é porque tem absoluta confiança no próprio saber. E ele tem essa confiança. A sua capacidade mental é tamanha que será capaz de defender com coragem e comovedora eloqüência o horrível *Losango cáqui*. Não convencerá, todavia. A eloqüência nem sempre chega a encobrir a insinceridade. E Mário de Andrade não abraçou sinceramente a nova *arte*. Esteta como ele é, só por pilhéria poderia perder tempo e trabalho na defesa dessa obra... Moço bem-humorado, cheio de méritos, Mário está se divertindo com a inexperiência ambiente, seguindo o exemplo pernicioso do pitoresco Oswald, que, também por pilhéria, o meteu no mau caminho... Lembro-me como se hoje fosse da sua estréia como poeta *futurista*. Oswald de Andrade, surrupiando-lhe umas esquisitices em que falava de *braços longos como as torres de São Bento* e de *"patata assate" ao forno*[3], correu para mim:

— Tenho umas obras-primas de Mário Andrade, verdadeiro gênio futurista. Peço-lhe, com empenho, que não se oponha à sua divulgação, pois desejo escrever sensacional artigo a respeito...

Conheci Oswald menino e notavelmente gordo. Quero-lhe como a um irmão. Divirto-me imenso com suas atitudes reclamísticas e com as suas interessantes pilhérias. Adivinhei logo tratar-se de uma das suas troças habituais:

— Desde que você assine o artigo e assuma a responsabilidade inteira da molecagem, nada tenho a opor. Vamos ver, porém, o que sai daí...

No dia seguinte veio o artigo e, imediatamente, ainda no *Jornal do Commercio*, Mário de Andrade, em coluna e pico de prosa escorreita, reveladora de sua invulgar capacidade, repelia o *futurismo* que o Oswald lhe atribuíra, exclamando, rubro de cólera:

— Posso ser um caso patológico, futurista nunca!

Nesse grito, sim, estava a sua sinceridade; na *Paulicéia desvairada* e no *Losango cáqui*, nunca! Mas... de então para cá, gostou tanto da brincadeira que continuou a brincar. De repente, porém, arrepiará carreira e o veremos, irritado, a repudiar os filhotes anormais que andou espalhando por aí...

Por estas linhas verificará Menotti que no livro de Mário não encontrei *modelo de beleza e equilíbrio, contrastando violentamente com os paradoxos e artificialismos* do seu. Ao contrário, acho os paradoxos e os artificialismos do *Losango cáqui* bem mais gritantes e por isso mesmo merecedores de repulsa. Verá também que não sou camaleão. Neste terreno, como em todos, aliás, estou onde sempre estive. Nunca arredei o pé. Pelo seu artigo, entretanto, verifiquei que anda às turras com Mário de Andrade, procurando arranhar-lhe a epiderme modernista. Vibra-lhe de rijo espadagadas que, acredito, Mário terá desviado, como bom esgrimista que é... E é por isso que, ainda uma vez, talvez impertinentemente, sou forçado a bulir na sua *sinceridade*... Onde ela se meteu que a gente não a encontra? Menotti foi companheiro de Mário na celebérrima e desopilante *semana teratológica* inventada por esse pândego

do Oswald, que, com a justa revolta de Ronald de Carvalho, vinha ao *Jornal do Commercio* pedir que não a poupássemos; Menotti deleitou o espírito com a leitura da *Paulicéia desvairada*, irmã mais velha do *Losango*: Menotti era a sentinela avançada da paupérrima legião *inovadora* de que fazia parte, em linha menos exposta, a timidez de Mário; Menotti entoava hinos verbais ao talento e à cultura do prestigioso companheiro dessa hipotética escola de professores sem alunos; Menotti fazia isso tudo e, agora, rompe contra a *arte* de Mário, vilipendiando-a. Diante do exposto, a pergunta vem espontânea aos lábios:
— Quando foi sincero?

Eu não desejo responder. Não devo penetrar no espírito do meu querido Menotti, cujo valor respeito e sinceramente proclamo, apesar da volubilidade de seu temperamento... A resposta pertence-lhe — mas não a solicito, mesmo porque nunca tive jeito para meter-me na vida alheia. E se estas linhas apressadamente tracei, foi porque o admiro e estimo.

Chamou-me nominalmente. Respondi logo à chamada. E com os elementos que me forneceu não deixei nenhuma das suas perguntas sem a competente resposta, clara e incisiva — como é do meu feitio. Homem de imprensa, conhece o valor do reclame. Achou o momento azado para outra batida de caixa à *Chuva de pedra*... Compreendi o plano e compareci em coluna aberta... Seu artigo, francamente, preencheu o fim a que se destinava... Foi inteligente e hábil. Mas eu também não deixei de o ser: adivinhei, de pronto, o pensamento do maganão...

Uma coisa também lealmente lhe digo: se eu tivesse tendências para a nova *literatura* e me fosse dado escolher entre *Chuva de pedra* e *Losango cáqui*, optaria, sem hesitação, pela *Chuva de pedra*, apesar do vício insanável que apontei, quando apareceu...

Reprodução da capa do livro *O losango cáqui ou Afetos militares de mistura com os porquês de eu saber alemão* (São Paulo, Casa Editora A. Tisi, 1926), ilustrada por Di Cavalcanti.

Atordoamento

Chamando-me à fala, o meu caro Menotti del Picchia pensou com os seus botões:

— O Stiunirio, agora, terá dificuldades sérias em sair da enrascada em que o meti. Firme e inabalável nas suas opiniões, adversário irreconciliável das esquisitices do suposto modernismo inovador, vai desancar o Mário de Andrade, a quem tantos hinos já entoei em tempos não muito remotos, e na pancadaria envolverá, certamente, o Martin Damy, a cujos talentos e cultura eu, e todos os do *Correio Paulistano*, sempre rendemos homenagem quando juntos labutávamos sobre a mesma tenda... Vai ser um sucesso... E sorriu diabolicamente...

Isso tudo pensou o inspirado poeta de *Juca Mulato*. Pensou mal. Respondi-lhe com clareza incisiva, em linguagem límpida, ao alcance do *modernista* mais convencido. Manifestei, sem preâmbulos, meu juízo desfavorável ao *Losango*

cáqui, e tornei público que no *Jornal do Commercio* os autores de artigos assinados, notadamente em coisas de arte, têm ampla liberdade de emitir seu juízo, podendo até, nas mesmas colunas do *Jornal*, discordar do meu — liberdade que os nobres colegas não podem ter no respeitável *Correio Paulistano*, órgão partidário sujeito ao ativo policiamento do PRP... Não vai nisto ironia. Se amanhã o *Jornal do Commercio* resolver transformar-se em folha partidária, os seus diretor e redatores terão que brecar forçosamente seus ímpetos e terão que dizer, mesmo em artigos assinados, aquilo que a alta direção da política dominante entender possa ser dito, sem maiores inconvenientes... Até agora, porém, a nossa folha não experimentou a prestigiosa tutela e, graças a isso, eu e meus companheiros estamos usando da liberdade aludida, dentro, está visto, dos limites permitidos pela boa educação e pela censura... Nada de extraordinário há, pois, no fato de Damy — cujo valor autêntico descobri através das colunas do *Correio* — queimar todas as girândolas em honra do *Losango cáqui*, e Stiunirio Gama gastar um poucochinho da inteligência de que dispõe para, sem azedume, dizer de *Losango*, de *Chuva de pedra* e de *Borrões de verde e amarelo* todo o mal possível... Mas Stiunirio Gama — e Menotti está farto de o saber por experiência própria —, ao condenar obras que não lhe pareçam equilibradas e sinceras, não tem por hábito esquecer a capacidade mental dos seus autores, quando realmente existe. Assim aconteceu em relação a Mário de Andrade. Malsinei com sincera energia o seu derradeiro parto, mas não deixei de proclamar o seu apreciável, seu indiscutível valor intelectual. Para mim, apesar do parecer dogmático do simpático Menotti, ele é, sem favor, um dos mais brilhantes expoentes da atual geração pensante. Essa afirmativa, parece, desagradou ao vitorioso poeta de *Moisés*... Entende o provocador destas linhas que a bagagem literária de Mário consiste apenas nos livros por mim classificados no rol dos casos teratológicos e que, assim sendo, o valor proclamado não existe. Não é exato.

Conheço do *poeta* de *Losango* trabalhos estranhos à *nova* escola e que autorizam o julgamento a seu respeito já emitido. E, além dessa bagagem, ele possui qualidades verdadeiramente notáveis, verdadeiramente raras nos tempos correntes: senso moral e caráter. Ora, essas qualidades, aliadas às suas obras, e não às pachouchadas modernistas, o tornam perfeito.

Pois, apesar da clareza das minhas respostas, Menotti, visivelmente confundido porque a coisa não lhe saiu como esperava, cedeu a pena a *Hélios* para dizer que não entendeu patavina...

Não conheço a perversidade, pois se a conhecesse poderia reproduzir os elogios escritos de Menotti sobre a individualidade literária de Mário. Não o fiz. As simples evocações anteriormente feitas estontearam, entretanto, o autor de *Chuva de pedra*, que não as esperava... Perturbado, abriu lugar a *Hélios*, que, nada tendo com a nossa conversa, a elas não se referiu... Foi melhor assim...

É possível até que a procuração que Menotti passou a *Hélios* não tivesse como causa esse atordoamento, mas outro, bem diferente: o provocado pelo conspícuo PRP, que resolveu, no mesmo dia em que saiu meu fraco libelo, indicá-lo ao eleitorado paulista para uma cadeira de deputado pelo quarto distrito. Reconheço ter sido justa e merecida a escolha. Menotti é soldado ardoroso e vigilante da forte agremiação política. Ao seu serviço sempre esteve sua pena brilhante, enfrentando adversários sem ideais. A recompensa já devia ter vindo. Tardou mas veio, afinal... Congratulo-me com o PRP e com Menotti.

São congratulações sinceras. É mais um jornalista que ingressa na Câmara [1]. A escolha de Menotti vale por uma homenagem prestada à imprensa da terra. É um elemento de valor que vai engrossar as fileiras partidárias da acatada e digna família republicana. O momento que atravessamos não reclama apenas coragem: acima de tudo, exige inteligência. E o futuro deputado a tem de sobra. Mas o Partido, naturalmente, não pode ter-se louvado em *Chuva de pedra* para introduzi-lo no recinto ilustre da antiga Cadeia Velha [2]. Deve ter-se louvado nos artigos passadistas do jornalista. Nesse recinto Menotti entrará, entretanto, perfeitamente experimentado. Será um político destinado a fragorosos sucessos — sucessos que, de coração, lhe desejo para honra da classe a que pertencemos.

Em política são permitidas duas morais. E Menotti já as vêm ensaiando de há muito. Ciente de que mais dia, menos dia, teria assento no Congresso, já as exercitava com eficácia no campo das letras... As suas mais recentes atitudes provamno exuberantemente. Menotti distingue a moral privada da moral literária... Os ataques à arte *nova* de Mário aí estão para convencer os menos perspicazes. Eu sou por uma única moral. Não importa, porém, minha desautorizada opinião. Nas democracias, a minoria é *fósforo*... E nós, apesar das investidas dos puritanos insatisfeitos nas suas ambições, vivemos na mais perfeita das democracias... O diabo é que as câmaras democráticas não têm tendências para o modernismo... Ainda assim, Menotti não fará feio: discursará liricamente, como em 1830, e dará pareceres no estilo oficial... Nos anais do Congresso será rançoso; nas notas políticas do *Correio Paulistano*, passadista da gema; e nos livros, *Chuva de pedra*...

Seu incontestável talento dá para todos os paladares, menos para o meu, que estacou na sua literatura anterior à *semana teratológica*...

O que há e o que houve

Menotti telegrafou-me pelas colunas do *Correio Paulistano*. Despacho bastante longo... Pouco confiante, entretanto, na *nova forma sintética* que o brilhante espírito de Martim Francisco já adotava quando ensaiei meus primeiros passos no *Commercio de S. Paulo*, condensou, numa conclusão bastante clara, as mesmas coisas afirmadas ao aderir ao defunto futurismo e repetidas depois, quando, fugindo dessa *escola*, desancou o *Pau-Brasil* para ingressar na outra — que deu como conseqüência *Chuva de pedra*... Assim resumiu Menotti seu cortês telegrama, de quase duas colunas:

Estas súmulas — dinamização necessária para poupar chateações — explicarão ao inteligente Stiunirio Gama a lógica conseqüente das minhas atitudes. Iluminarão o que, iludido, chamou *insinceridade* literária. Provar-lhe-ão: a) que acompanhei com uma alta consciência o movimento reformador a que me incorporei; b) que nele estou integrado; c) que lhe adivinho a vitoriosa função e a irreprimível fatalidade; d) que o movimento não quer dizer delírio nem cabotinismo; e) que dentro dele está um grande pensamento; f) que renovação estética não quer dizer *futurismo*, nem imbecilidade, nem desequilíbrio.

É inútil prosseguir na conversa nestes dias em que Momo está a reclamar as atenções até dos homens que não cansam de dar manifestações diárias de austeridade... Menotti pensa de um modo; eu, de outro. Eu baseio-me em fatos; ele, em palavras... Ora, assim sendo, não chegaremos nunca a um acordo satisfatório... Da nossa palestra, se quiséssemos estendê-la, nenhuma vantagem prática resultaria. Ao contrário, uma enxaqueca perversa, ou uma insubordinação do grande simpático, provocadora de passageiras perturbações vasomotoras, poderiam alterar o bom humor com que até aqui temos trocado amabilidades e atirar, a um de nós dois, para caminhos que, positivamente, nem eu, nem ele, estou certo disso, queremos percorrer... A minha última resposta, entretanto, deu como resultado discreto madrigal a Mário de Andrade. Fiquei satisfeito com isso. É o prenúncio da nova aproximação entre dois homens de reconhecido valor intelectual. E, caso o contentamento que me invadiu não me engane, assistiremos, em breve, ao foxtrotear[1] alucinante de *Chuva de pedra* com *Losango cáqui*... E seria bem bom. Para que gente de espírito a manejar o varapau? Estou certo de que o próprio Menotti não é partidário de *matches*[2] deselegantes. A sua espontânea homenagem à *Paulicéia desvairada* e à *prosa séria* de Mário deram-me essa certeza, confortadora certeza.

Com o madrigal, entretanto, atirou pequena carga de chumbo, que erro de pontaria fez com que não atingisse ao alvo: quis incluir-me na maioria a que pertence, a essa maioria partidária das duas morais... Generoso e amável, não me quer ver fazendo parte da minoria que se bate por uma moral única... E exclamou, catedrático: *Qual! Sempre foi maioria. Até mais: foi quase governo, quase vereador, e quase fez um discurso...* Efetivamente: na vereança, sou companheiro do Menotti. Suplente como ele... Com uma diferença, porém: ele, incluído em chapa oficial, e eu, inteiramente à revelia do que se passava, objeto da homenagem de respeitável massa eleitoral que não procurei... É também verdade que fiz *quase um discurso*. Considero-o, entretanto, como feito, visto que foi publicado... Os diários dos Congressos, aliás, vivem a estampar orações não pronunciadas. No recinto, diz-se uma coisa, e, no dia seguinte, aparece outra bem diferente... Eu, ao contrário, diria exatamente aquilo que saiu em letra de forma. E não me arrependo; antes, congratulo-me comigo mesmo. Esse discurso a que Menotti ironicamente aludiu valeu, quando nada, como afirmação de coragem manifestada exatamente quando muita gente boa punha asas nos pés...

E agora, Menotti amigo, cultuemos Momo e procuremos, ao menos durante estes quatro dias próximos, esquecer as agruras da vida. Eu, digo-o sem hipocrisia, tentarei divertir-me a valer, mesmo que chova pedra... *A poesia moderna*, para o meu fraco intelecto, não passa de um carnaval fora de tempo. E se ela provoca o riso antes do período em que o Rei da Folia domina, imagine o Menotti quanto fígado ela não irá desopilar agora...

Cartão-postal "Brazil n. 25. São Paulo, Monumento do Ypiranga". Circulou em 1917. Dimensões 9 cm × 13,5 cm.

Cultuando o passado

O acontecimento culminante da semana foi, indiscutivelmente, a entrega da carta autógrafa de Anchieta ao Museu do Ipiranga, onde o espírito investigador e culto de Taunay está reconstruindo o passado paulista. A iniciativa da compra do precioso autógrafo partiu de Paulo Prado, através das colunas *modernistas* de *Terra Roxa e Outras Terras* — revista quinzenal, apesar de lançada, pelos agentes do fisco, como agência incumbida da venda de terrenos a prestações... O apelo de Paulo Prado é muito recente para ser lembrado, assim como recentes são os períodos que lhe dediquei. Certo é, entretanto, que esses períodos mereceram do cintilante cultor da nossa história epístola amável, na qual, generosamente, e com sua autoridade de orientador do grupo modernista, me passou o diploma de prosador moderno...

E a esse diploma, partido de tão alto, fiquei a dever, seguramente, o convite com que me distinguiu *Terra Roxa e Outras Terras* para assistir à tocante cerimônia. Não faltei. Ao contrário: dei ao caso importância que lhe não dispensaram altas autoridades do Estado. Compareci, de acordo com o protocolo, minutos antes da hora fixada, e esperei, como todos os presentes, boa meia hora pela chegada do representante do Governo... Estes detalhes, está visto, não encerram censuras: servem apenas para testemunhar minha deferência ao simpático quinzenário e minha homenagem a Paulo Prado, pois ao ilustre coubera o encargo de falar em nome do futuro, ou melhor, da mocidade moderna. Prazenteiramente, julguei ser meu dever associar-me a esse movimento de respeito dos moços aos velhos... E com isso não tenciono incluir-me no rol dos moços nem alistar Paulo Prado nas fileiras da velhice, mesmo porque, se é ele mais usado do que seus companheiros da *Terra Roxa*, seu espírito, indiscutivelmente, nada lhes fica a dever. E a prova disso tivemo-la na sua oração, ao efetuar a entrega, ao Museu, da primeira relíquia do apóstolo existente em terra paulista.

Paulo Prado, durante longos anos afastado das letras pelo egoísmo do café, é nome de primeira grandeza no limitado firmamento da literatura patrícia. Seus escritos nunca deixaram de ser relembrados com saudade e simpatia. Sua obra esparsa, mesmo que quisesse permanecer nesse afastamento, aí estaria, perenemente, a apontá-lo como um dos nossos mais elegantes escritores. Admitindo, porém, que esses seus trabalhos fossem apagados pela irreverência do tempo, bastaria o seu recente discurso para sagrá-lo escritor. Clara, precisa, direta, sem as ramagens a que se dependuram os chamados estilistas, a sua oração comoveu e encantou. Se é assim que Paulo Prado entende o *modernismo*, pode contar-me, desde já, nas suas fileiras. Pena, porém, é que os moços que, com justa razão, lhe ouvem a palavra lapidar não sigam o exemplo do mestre. Os seus artigos e os seus discursos não são despachos telegráficos, de difícil decifração. As suas idéias são claras, as suas figuras perfeitas, o seu humorismo sadio. O modernismo ambiente, na ânsia da originalidade, não faz, salvo raras e honrosas exceções, literatura: redige telegramas sem nexo. E ainda assim não é original. Há uma infinidade de anos já

Martim Francisco[1] vem fazendo estilo telegráfico e com grande vantagem: escreve certo e contunde...

Mas *modernistas* como Paulo Prado, felizmente, existem e existiram em São Paulo. Alcântara Machado, o eminente mestre de Direito, sempre produziu coisas impecáveis. Ainda no outro dia, a sua lição inaugural na Faculdade, divulgada pelo *Jornal do Commercio*, mereceu o aplauso entusiástico da inteligência paulista. Duas colunas apenas, mas duas colunas de prosa empolgante, límpida, sem arabescos. Alcântara Machado, como Paulo Prado, conversa com o público, interessando-o e prendendo-o com seus períodos cristalinos.

Isso, desculpem-nos a audácia, nunca foi modernismo. Leiamos juntos trabalhos de Alcântara Machado e de Paulo Prado de há vinte anos e verificaremos que não mudaram. Confrontados com os de hoje, patenteiam que nenhuma alteração sofreram seus autores na arte de escrever. Isso, repito-o, não é modernismo: é cultura, conhecimento da língua, bom senso e horror à pieguice e à pirotecnia... A escola de que esses meus eminentes amigos são mestres acatados nunca deixou de existir. E é magnífica. Eu, pelo menos, há mais de vinte anos, mesmo antes de ser discípulo de Brasílio Machado, desse saudoso modernista das letras, orientador do glorioso herdeiro de seu nome ilustre, acompanhava e lia embevecido as produções de Alcântara Machado, assim como deliciava o espírito com as crônicas de Paulo Prado, *rapaz magro, sempre de preto, com olheiras e romantismo, que namorava pelas colunas do* Correio.

Sou, pois, antigo adepto dessa velha escola, muito embora minha inteligência não me tivesse permitido igualar-me nos surtos desses dois inconfundíveis expoentes da mentalidade paulista. Não desprezei, entretanto, seus exemplos: nunca fiz literatice e acredito até que sempre estive afastado do pieguismo...

O *modernismo* de Paulo Prado é, pois, modernismo são, da velha escola. Lembro-me ainda dos prenúncios da impagável *semana de arte moderna*... Oswald de Andrade e René Thiollier vieram procurar-me com o fim especial de expor o programa dessa coisa engraçadíssima... No auge do entusiasmo, Oswald foi declinando os nomes dos patronos, citando, dentre eles, o de Paulo Prado. Não escondi minha satisfação, dizendo-lhes:

— Sou contra esse movimento, mas confesso que um bom resultado vocês poderão obter.

— Qual? — indagou o Oswald.

— Conseguir que Paulo Prado volte à atividade literária.

E, aproveitando-me da oportunidade, evoquei as suas crônicas do *Correio*, essas crônicas que *Terra Roxa e Outras Terras* deveriam exumar e reunir em volume, visto que elas absolutamente não merecem o horror que o seu autor hoje lhes vota, sem razão...

E não me enganei. Paulo Prado voltou à atividade. Depois dessa semana trágica, apareceu *Paulística* a seguir, artigos sobre assuntos vários e, ultimamente, o discurso perfeito que me deu a impressão de carta-prefácio à epístola anchietana. Ao seu *modernismo* ficamos devendo, além da magnífica peça, o culto da mocidade *inovadora* ao passado, fato esse digno de especial registro porque, infelizmente, os moços originais de hoje ao passado atiram pedras e nada mais...

A cerimônia da entrega, pois, teve alta significação. E somente numa terra como a nossa poderia realizar-se. Nisso, sim, tivemos modernismo. Nada de fraques. Nenhuma cartola. Supressão de festões e galhardetes. Pouca gente, mas muitas pessoas. Cerimônia fina e tocante. Taunay, felicíssimo na sua oração de agradecimento.

Terra Roxa e Outras Terras está de parabéns. Não sou dos seus, mas mentiria a mim mesmo se escondesse o sucesso alcançado pelo novel quinzenário. As letras paulistas, acredito, não ganharão com a sua ação. Longe disso. A incapacidade ambiente, julgando fácil e novo o estilo telegráfico, passará a abarrotar as livrarias de despachos inexpressivos... Essa será a grande culpa. Na coluna do seu passivo, ela pesará sempre. Como compensação, porém, a coluna do ativo acusará serviço valiosíssimo: o regresso à Pátria da carta de Anchieta, o discurso de Paulo Prado e a magistral lição à mocidade: o amor ao passado.

— Você é incoerente — dirão alguns dos meus leitores. — Ainda há poucas semanas recebeu com ironia a iniciativa de Paulo Prado e hoje a ela bate palmas...
O reparo não procede. Eu entendi que o ilustre paulista, dada a sua esplêndida situação financeira, não deveria recorrer à generosidade alheia para a aquisição da epístola de Anchieta, exposta à venda numa livraria londrina. E Paulo respondeu logo, com grande graça e habilidade:

Foi por altruísmo que proporcionei aos meus colegas argentários, na compra da carta anchietana, uma preciosa ocasião para fazer figura. Em São Paulo faltam pretextos para a generosidade dos ricos nessas questões de inteligência. Este que descobri é ótimo para emulações miliardárias.

Completando seu pensamento, disse ele, lapidarmente, no seu discurso:

Foi comprado simbolicamente com trinta sacas de café. Um crítico fluminense escreveu que exclamáramos com melancolia, desanimados diante do preço exigido pelo livreiro de Londres: "Custa trinta sacas de café!"... Engano. Gritamos todos, alegremente, como descobrindo um tesouro: "Só custa trinta sacas de café!". Sabíamos que a semente do jesuíta tinha frutificado esplendidamente em mil milhões de cafeeiros espalhados nas 25 mil fazendas de São Paulo. Com um insignificante esforço dessa força que se ignora a si mesma e que é tudo e nada é, poderíamos encher de preciosidades, como em armazéns ou tulhas, todas as salas deste edifício, para aqui transportando os documentos da torre do Tombo, de Évora, de Simancas, de Sevilha, e mais os inéditos desaparecidos do padre Manuel de Moraes[2], de frei Vicente[3], de Pedro Taques[4], de frei Gaspar[5], de tantos outros escondidos nos arquivos e nas bibliotecas da Europa. Por enquanto, só nos bastaram, para a carta de Anchieta, trinta sacas de café. Em cinco dias estava ela comprada pelo telégrafo paulista. Essa modesta cerimônia é também uma homenagem do presente ao passado: as más línguas dirão talvez do futuro ao passado.

Como se vê, não há incoerência.

Galantarias... futuristas

Não sou futurista. Esta declaração seria desnecessária. Os leitores do *Jornal do Commercio* estão fartos de o saber. Nunca perdi oportunidade de conversar com três ou quatro gatos pingados que em São Paulo se filiaram a uma inexistente escola futurista. A minha desvaliosa opinião, estou certo disso, pouco ou quase nada terá influído na campanha que aqui mesmo se esboçou contra os adeptos da *arte nova*...

Não tenho a pretensão de ser literato, assim como nunca me passou pela mente ser palmatória do mundo. Coisas existem, porém, que chocam e reclamam, ao menos, duas palavras, quando nada, para cientificar certos pontífices das letras antigas ou modernas que não podem, impunemente, dizer disparates...

Nessa altura é que eu sempre entrei em campo. Sem autoridade, está visto, de crítico infalível, mas com a autoridade de quem já conhecia, através de suas obras gritantes, Marinetti e seus companheiros de jornada, ao tempo em que, na Itália, só existiam os d'annunzianos. E porque conhecia o chefe do futurismo da Península é que, não poucas vezes, declarei que um homem do seu valor mental e da sua coragem pessoal tinha direito de pilheriar.

Marinetti assenta sua escola na velocidade, na locomotiva. Ora, a locomotiva e a velocidade já existiam antes de ele nascer... E hoje, ainda apegado à locomotiva, esquece-se de que a sua velocidade foi suplantada pelo avião e pelo automóvel...

Mas estas são descaídas sem o menor interesse. Elas não toldam o brilho do autor de *Os indomáveis* e de tantas obras que na sua época causaram escândalo. Marinetti é um homem que, corajosamente, de vinte anos a esta parte, numa campanha ininterrupta, vem afrontando as platéias, recebendo pateadas e aplausos. À sua atuação, a Itália deve não pequeno núcleo de valores mentais que, à sombra do chefe ocasional, formaram sua reputação literária, valores esses que, mais tarde, depois do público conquistado, o abandonaram.

Marinetti é um espírito culto e brilhante. Deixemo-lo com a sua escola demolidora, mas reconheçamos-lhe talento autêntico. Reconheçamos, também, que, nos momentos graves para a sua Pátria, tem sabido abandonar o futurismo para ingressar, embora transitoriamente, no passadismo que o seu verbo irreverente combate e ridiculariza. Na Grande Guerra, por exemplo, o futurista, contrário às velhas máquinas governamentais, foi heróico soldado que, no ímpeto, nada ficou a dever aos guerreiros que tanto brilharam em passado muito remoto, quando Roma dominava o mundo.

E porque conhecia a potência mental de Marinetti, e embora adivinhando o que viria a dizer da sua escola, eu, seu obscuro adversário, compareci ao Cassino Antártica[1]. Julguei encontrar ao seu lado, no palco, a reduzida turma dos futuristas da terra; acreditei encontrar, apresentando-o ao público, um desses *inovadores* com a coragem de Graça Aranha. Imaginei, também, assistir a assuadas ensurdecedoras...

Enganei-me, em parte. A princípio, Marinetti só. Dos futuristas, nem sombra. Depois, um passadista: Moacir Chagas[2], a pedir à assistência um pouco de silêncio...

Quanto às assuadas, excederam a expectativa... Muito antes da hora marcada para a conferência, já a barulheira era espantosamente infernal. Barulheira desrespeitosa, deselegante, a depor contra a boa educação de parte do público que enchia o Cassino. Ao subir o velário, a coisa assumiu proporções revoltantes.

Inconscientemente, antes de Marinetti abrir a boca, choveram no palco cestas de legumes, bexigas cheias de água, ampolas de trivalerina[3], que, atiradas das torrinhas, vinham estalar na platéia, empestando o recinto. E tudo isso acompanhado de gritos, apitos e palavras pouco parlamentares.

Ainda assim, Marinetti, imperturbável, suportou superiormente essas manifestações de *delicadeza*, conseguindo pronunciar algumas palavras, cuja sutileza e contundência os pateadores não souberam compreender.

São Paulo, cidade civilizada e culta, demonstrou, lamentavelmente, civilização e cultura... E se Marinetti já não estivesse habituado a episódios mais ou menos do mesmo gênero, em capitais também civilizadas como a nossa, teria carradas de razão afirmando que somos uma terra de selvagens.

Ninguém, está visto, nega ao público o direito de aplaudir ou patear, mas isso depois de ouvir a palavra do conferencista. Pode-se mesmo apartear, com veemência até, mas sempre dentro dos limites traçados pelo bom-tom.

Repilo, torno a dizer, o futurismo como Marinetti o ideou, mas não posso silenciar ante a maneira deselegante com que foi recebido. Nenhuma frase de espírito. Nada. Gritos, hortaliças, trivalerina, bichas chinesas[4], palavrões...

Marinetti não foi vaiado: foi agredido. E a agressão atingiu sua esposa, senhora ilustre, quando chegou ao palco, aliás com visível contrariedade do Poeta.

Marinetti realizará, breve, a conferência que não conseguiu fazer[5]. E o público, certamente, dará nova demonstração de seu espírito, sem se recordar de que, não o deixando falar, provará a sua incapacidade de o discutir...

Foto autografada de Marinetti publicada no jornal *A Platéia* (SP), 25/5/1926.

Deixemos Marinetti falar

Marinetti deve realizar no Cassino a conferência que a selvageria do outro dia não lhe permitiu pronunciar. Os comentários provocados por essa agressão insólita, parece, devem ter chamado os seus promotores à razão. Daí, quem sabe, se apesar de assuadas permitidas ou toleradas, o chefe do futurismo consiga expor as suas idéias em defesa da escola humorística que fundou e dirige.

Ninguém é obrigado a ouvi-lo. Marinetti não recorre ao laço para apanhar a assistência. Vai ao teatro quem quer e aos que forem não é vedado, dentro dos limites estabelecidos pela boa educação, manifestar o seu agrado, aplaudindo-o, ou o seu desagrado, pateando-o.

O futurismo é repelido por todos os espíritos equilibrados, que não admitem arte sem beleza de formas e de sentimentos. A escola de Marinetti, como já tive a ocasião de dizer, tem por base a locomotiva e a velocidade. E nisso é incoerente, porque a locomotiva é perfeita; é uma máquina de acabamento completo, estética, bela, aperfeiçoada aos poucos e que já comemorou o seu centenário... A velocidade também era conhecida muitos lustros antes do nascimento de Marinetti. O avião e o automóvel, mais velozes do que a locomotiva, também existiam antes do seu primeiro manifesto, que data de 1909...

Locomotiva, avião e automóvel, com o correr dos anos, passaram por alterações notáveis, aumentaram sua velocidade, mas nunca perderam sua beleza, sua linha estética.

Marinetti quer aplicar a velocidade às artes, às letras e à poesia. E as obras de arte, a literatura e a poesia perpetradas segundo as leis dessa escola extravagante são o que todos sabemos...

A esses aleijões Marinetti entoa hinos. Está no seu direito. Esses hinos, entretanto, não desviaram os verdadeiros artistas da velha escola. Nem mesmo na Itália, onde o nosso hóspede ilustre batalha incansavelmente, corajosamente, há tantos anos. Pelo menos os seus grandes escultores, como Antonio de Alcântara Machado acentuou, têm dotado São Paulo, e continuam a dotar a Península, de coisas arcaicas. Isso para provar que o verbo apaixonado do eminente pontífice não conseguiu, até agora, catequizar seus patrícios...

A alegação de que na Itália já não é vaiado tem explicação fácil: Marinetti é fascista e o fascismo está no poder. E Marinetti afirma ser Mussolini chefe de Governo futurista...

Não discutamos, entretanto, a escola chefiada por Marinetti. Deixemo-la de parte e prestemos homenagem ao intelectual ilustre. E Marinetti o é, sem favor. Somente um homem do seu valor mental poderia, durante quase cinco lustros, defender com vigor e elegância as heresias futuristas. Marinetti é, antes de tudo, homem fino, em seguida homem de sólida e variada cultura e, depois disso, chefe do futurismo. Merece, pois, as atenções que os paulistas nunca deixaram de dispensar às personalidades ilustres que nos visitam. Pelo seu merecimento, pela sua celebridade conquistada corajosamente em ininterruptas campanhas intelectuais, tem indiscutível direito a essas homenagens.

Ouçamo-lo antes, para que depois possamos discuti-lo. Interrompamo-lo, se preciso for, no decorrer de sua palestra, toda vez que disser coisas chocantes em relação às artes e às letras. Interrompamo-lo, porém, com espírito e com educação, nunca com bomba, bichas chinesas e hortaliças. Tratemos de demonstrar-lhe, praticamente, que em São Paulo existe gente capaz de compreendê-lo e de enfrentá-lo. Marinetti não receia vaias nem pede misericórdia. A sua atitude, aliás, demonstrou à saciedade sua calma imperturbável. Vaiemo-lo, se for necessário, mas depois de ouvi-lo atentamente, quando nada para patentear que foi compreendido. Isso de impedir que fale depõe gravemente contra a intelectualidade paulista. Amanhã poderia Marinetti dizer, e com razão, que não o deixamos proferir uma palavra porque não nos sentimos com força bastante para divergir.

Julgo-me insuspeito para dizer essas coisas. Eu, dentro do limite de minhas forças, sempre combati, nestas colunas, os poucos macaqueadores que foram buscar na Itália, dezoito anos decorridos, exemplos para a fundação do futurismo paulista, para mim morto antes de dar os primeiros passos...

E que os marinettianos de São Paulo já não existem, vimo-lo no Cassino, onde brilharam pela ausência. E se porventura ainda existem, manifestaram, nessa noite, sua pouca confiança na escola que abraçaram, pois não tiveram coragem de, no palco, ao lado de Marinetti, compartilhar das agressões das torrinhas e de alguns pontos da platéia...

Ora, isso causou péssima impressão em todas as rodas intelectuais de nossa terra.

No Rio, o velho Graça Aranha, empurrado no futurismo pelos seus antigos companheiros de São Paulo, enfrentou corajosamente o público carioca, apresentando-lhe Marinetti e recebendo, em tão boa companhia, assuadas e ditos contundentes[1]. Nesta capital, de onde os desertores afirmam ter partido o grito inovador, o poeta da locomotiva e da velocidade foi abandonado. Não teve um cavalheiro sequer com a coragem precisa de dizer duas palavras de apresentação. No Esplanada[2], entretanto, depois da vergonhosa noitada, a romaria de *futuristas* tem sido verdadeiramente fantástica... E os que não tiveram ânimo de receber a saraivada de hortaliças tiveram-no, entretanto, para levá-lo ao Circo Alcebíades[3]. Foi essa a demonstração eloqüente da sua convicção futurista...

É tempo ainda de dar remédio à lamentável gafe...

A conferência está anunciada. Apareça ao menos um dos inovadores paulistas e diga meia dúzia de frases sobre a personalidade de Marinetti, pedindo, ao mesmo tempo, à assistência que deixe primeiro o nosso hóspede falar, para, depois de o terem ouvido, vaiá-lo ruidosamente, se assim o entenderem.

Antes não. Se insistirem nas assuadas *a priori*, os que compareceram com o único intuito de patear confirmarão as palavras espirituosíssimas pronunciadas por Marinetti: acabarão "autovaiando-se".

Marinetti falou

E falou como velho passadista. Falou bem e coisa digna de especial registro; salvo pequenas interrupções, conseguiu exprimir completamente seu pensamento. As hortaliças não figuraram, assim como as bichas chinesas... Na próxima conferência nem se verificarão os ligeiros conflitos provocados, aliás, por patrícios do ilustre intelectual, os quais tentaram, erradamente, baralhar futurismo com política.

Marinetti revelou-se, na verdade, um orador empolgante, embora não me parecesse feliz como argumentador. Seus próprios argumentos, bem aproveitados, serviriam para, em contradita, reduzir às mínimas proporções sua longa e agradável oração.

Do *seu* futurismo disse coisas que, francamente, os caspentos passadistas de hoje e de ontem não se cansaram e não se cansam de escrever...

O futurismo quer a velocidade, a beleza, o sentimento, a personalidade. São Paulo deve ser São Paulo, Londres deve ser Londres, Paris deve ser Paris.

Em arte deve ser desprezado o modelo, visto bastar a fotografia para as reproduções... Escultor e pintor devem apresentar coisas como as vêem, velozmente, quando viajam num trem: borrões gritantes sem expressão, figuras sem nenhuma relação com a anatomia...

Assim, porém, não pensam os artistas italianos que estudaram desenho e conhecem anatomia. O fato de, ao cabo de dezoito anos, existir em Veneza um museu com duzentos trabalhos, não exprime coisa alguma. Nos mais arcaicos e afamados museus do mundo também se encontram casos teratológicos...

Na poesia, então, a sintaxe deve ser suprimida... Esta, a grande novidade que encheu a Itália de poetas que desconhecem a própria língua... Os adversários da sintaxe, do desenho e da anatomia são futuristas. E é por isso que os passadistas, isto é, os equilibrados, têm vencido e continuam a vencer nas letras, na poesia, na ciência e nas artes plásticas...

Mas os dezoito anos da campanha levada a efeito por Marinetti não chegaram a produzir resultados nem mesmo na Itália. Tudo o demonstra. Apesar dos ataques à Antiguidade, aos velhos museus — por ele ardorosamente e sinceramente defendidos durante a guerra —, continuam a ser cultuados, principalmente no seu belo país. As suas invectivas às relíquias quatrocentistas ou quinhentistas esboroam-se de encontro à resistência italiana. Ainda no outro dia, no momento em que pensava em ridicularizar o amor ao passado, os telegramas de Roma referiam que o governador da Cidade Eterna, *restabelecendo um costume medieval, dirigiu-se, com cerimonial faustoso, à Igreja Nova, anexa à qual existe a casa onde viveu São Felipe Neri.*

E os jornais *fascistas*, órgãos de um governo que Marinetti assevera ser futurista, comentando o acontecimento, disseram que o *governador faz reviver os valores reais e as augustas tradições que envolvem o cargo do primeiro magistrado romano.*

Marinetti alega, afirma categoricamente, que, na Itália de hoje, depois da campanha promovida pela escola de que é chefe ilustre, não se copia, não se volta ao passado... E na catedral de Piza, no dia 25 de maio*, inaugurava-se o púlpito construído em 1311 por Giovanni Pisano[1] e agora reconstruído, de acordo com os desenhos primitivos... Mais: invocou lindamente a *Divina comédia*, dizendo-a a mais brilhante revelação futurista do seu tempo. Ora, a *Divina comédia* é, nas escolas italianas, obra didática. É, pois, futurismo passado atuando no presente. Assim sendo, o criador da escola futurista italiana foi Dante Alighieri, e não Marinetti, que de fundador passou a divulgador do... futurismo poético de Dante — o que não lhe diminui o valor.

Mas eu disse, a princípio, que Marinetti fez uma conferência passadista. E o foi de fato. Todos aprendemos, desde que começamos a ter o uso da razão, a amar a liberdade de pensamento, a ser independentes e a ter personalidade marcada. Esse, diz Marinetti, é o seu futurismo. Devemos concordar que ele é bem antigo. Podemos não ser plagiários, podemos ser independentes, podemos ter liberdade de pensamento sem renunciar à sintaxe, sem abandonar o desenho, sem fugir da estética, sem fazer supostos versos como os que Marinetti recitou, os quais, para serem acompanhados com certa atenção, exigem dos recitantes um curso especial de declamação interpretativa. E o Poeta ilustre sabe dizer e interpretar.

No tocante à moda feminina e ao luxo, então, o eminente futurista não conseguiu, positivamente, rejuvenescer as encíclicas de Leão XIII, morto trezentos anos antes da escola

---

* Maio de 1926. (N. A.)

marinettiana, nem as pastorais mais recentes de Pio X, ainda ao tempo do seu patriarcado de Veneza, nem as de Bento XV ou de Pio XI — velhos prelados apegados à tradição... Digo mais: os moralistas de 1700 encontraram em Marinetti um plagiário menos eloqüente...

A sua conferência, reafirmo-o, foi francamente passadista, e é por isso que conseguiu agradar. Os aplausos entusiásticos que recebeu não foram o coroamento da sua suposta exposição futurista. Foi aplaudido porque encontrou um público que nos postos abordados sempre pensou como toda a gente, graças aos ensinamentos recebidos ao nascer.

E antes mesmo que ele o dissesse — e isso em relação às relíquias —, os nossos patrícios nunca esconderam seu desapontamento quando, ao regressar de viagens à Itália ou à França, aludem às antiguidades que lhes foram mostradas pelos cicerones.

Ainda recentemente, Antonio de Alcântara Machado, no seu *Pathé-Baby*, referiu-se à maneira como se desencavam antiguidades... Fê-lo com menos rudeza do que Marinetti e alguns jornais italianos de São Paulo esbravejaram...

No decorrer de sua brilhante conferência, Marinetti, por via das dúvidas, deu a perceber que apenas na música o futurismo conseguiu alguma coisa. E apegou-se a Debussy [2], cujas páginas as senhoras executaram com encantamento, aquelas, está visto, que são capazes de as executar... E ficou-se no musicista francês. É bem possível que na próxima conferência cite outros. Quanto a Debussy, porém, nada tenho que dizer. Foi ele realmente o divulgador da escala tonal, isto é, composta de sete tons integrais, quando a escala natural é de cinco tons e dois meiostons. A sua música é dissonante mas, inegavelmente, tem coisas notáveis. Poder-se-á não gostar de *Pelléas e Melisande*, mas é forçoso reconhecer que, tecnicamente, é uma maravilha. A literatura pianística, então, foi por ele enriquecida com trechos de superior beleza.

E nós também temos, no Brasil, um produto indireto do modernismo de Debussy: Villa-Lobos[3].

Marinetti abandonou o palco do Cassino dizendo que a verdade havia triunfado, e que a assistência sairia convencida. Engano. Eu continuo serenamente com a minha opinião. Marinetti, apesar do brilho da sua palavra e da sua vasta cultura, não convenceu ninguém, assim como coisa alguma conseguira modificar no campo artístico e literário da Itália.

A península, já o disse, deve a Marinetti um grande e notável serviço: a sua campanha fez surgir valores novos que se elevaram à custa do reclame futurista e que depois abandonaram o Papa que os lançara.

Isso, sim, foi por ele conseguido. Os velhos críticos e os decrépitos escritores tiveram, pela primeira vez, numeroso grupo a enfrentá-los corajosamente. Foi uma verdadeira guerra aos *bonzos* da literatura mundial.

E esse serviço não é pequeno. Só por ele Marinetti faria jus à nomeada que o envolve, se no seu ativo também não contasse uma inteligência privilegiada, servida por uma cultura verdadeiramente invejável.

Reprodução da capa do livro de Marinetti, *Mafarka il futurista: romanzo processato* (Milão, Sonzogno, s. d.).

Regressando ao passado

A pressa com que alinhavei os períodos sugeridos pela primeira conferência ultrapassadista de Marinetti deve ter contribuído bastante para a boa dúzia de cochilos tipográficos que a revisão — esta, sim, futurista em todos os jornais — deixou passar...

Não vou, está claro, fazer retificações, mesmo porque, os mencionados erros não alteraram o sentido daquilo que despretensiosamente tive que dizer. E tanto não o alteraram que não poucas pessoas ilustres compreenderam, perfeitamente bem, minha ligeira crítica à palestra do Pontífice do futurismo — crítica, aliás, baseada em fatos indiscutíveis e nas próprias afirmativas do eminente conferencista, muito discutíveis. De todas essas pessoas, desculpem-me a imodéstia, recebi palavras lisonjeiras, que me não chegaram a comover.

Comoveram-me, entretanto, estas linhas que em amável cartão me dirigiu um dos mais cintilantes espíritos da geração moderna, um dos mais brilhantes escritores novos, cujo nome deixo de declinar porque não lhe pedi autorização para divulgá-lo*:

---

* Antonio de Alcântara Machado. Declino agora o nome porque fui a isso autorizado, aliás, sem solicitação, no dia em que este artigo saiu publicado. (N. A.)

— Diante do futurismo de ontem, você tem razão (muitíssima!) em permanecer passadista. Palavra de honra.

Nessas frases reside o mais valioso depoimento contra o *futurismo* exposto por Marinetti na sua conferência.

Efetivamente, o ilustre autor de *Mafarka il futurista* deixou os seus numerosos ouvintes inteiramente *a quo*[1]; do seu *futurismo*, ninguém percebeu coisa alguma.

A escola de Marinetti baseia-se na locomotiva (velocidade), na independência, na personalidade marcada, na liberdade de opinião, na beleza e no pensamento. Essas palavras não foram apanhadas taquigraficamente, mas quem esteve no Cassino sabe que são suas.

Ora, todo homem de hoje ou de há cinqüenta anos jamais quis outra coisa. Os passadistas, salvo os que nasceram com a espinha de borracha, nunca pretenderam coisa diferente. O homem integral, mesmo sem cultura, terá a sua personalidade inconfundível; o homem consciente do seu valor moral, intelectual e profissional marcará sua individualidade nas artes, nas letras, nas ciências e nas indústrias, sem abrir mão da sintaxe e do estudo do passado — base esta para melhores e maiores realizações no presente e no futuro.

A escola de Marinetti baseia-se na locomotiva (velocidade),

Não é preciso imitar o espocar dos rojões ou o troar dos canhões para descrever esse espocar de rojões e esse troar de canhões.

A sua impressão da batalha de Andrinopla[2], pelo autor assistida, poeticamente e literariamente, perdoem-me a audácia, não tem nenhum valor. Declamada por Marinetti — que deve ter levado meses para dar-lhe interpretação mais ou menos adequada —, passa. Lida e recitada mesmo pelos mais autorizados mestres da palavra falada, só poderá causar hilaridade.

E Marinetti está disso certo, pois nem na própria interpretação tem confiança, visto como, se a tivesse, não solicitaria ao público:

— Peço-vos a bondade de não interromper a minha poesia com a vossa hilaridade porque esta viria a prejudicá-la.

Ora, as coisas perfeitas, as coisas equilibradas, não são facilmente prejudicadas pelo riso. Elas resistem vitoriosamente às investidas mais irrelevantes.

Mas não desejo criticar o brilhante orador. Ele foi já criticado e julgado pelos seus patrícios no seu país, onde, de há muitos anos a esta parte, se vem *projetando para frente*. Meu empenho é tão-somente restabelecer a verdade.

Marinetti afirma que na Itália, graças à sua corajosa e incansável campanha, já não se copia, já não se cultua o passado. O passado é, ali, coisa morta. A Itália de hoje não é a mesma de há cinco anos. E isso por quê? Porque ela tem presentemente um governo futurista. Mussolini é futurista.

Baseado em dois fatos recentes, demonstrei que na Península a atuação do chefe futurista nada modificou. Ali, cultua-se hoje, mais do que nunca, o passado, a tradição gloriosa.

Preciso agora, também alicerçado em fatos e não em palavras, provar que Mussolini não é futurista, não é adepto da escola chefiada por Marinetti, não sentiu ainda a influência do verbo empolgante de Marinetti. Está claro que, para isso conseguir, não necessito descambar para a política. Não me interessa esmiuçar o que se passa politicamente na Itália. Essa tarefa cabe aos italianos, nela diretamente interessados, e não a mim, que, quando muito, poderei bordar comentários em torno da política nacional.

Está provado que a catedral de Pisa, graças ao auxílio do governo Mussolini, viu reconstituído, de acordo com os desenhos primitivos descobertos em 1864, o célebre púlpito construído por Giovanni Pisano no ano de 1311; está também provado que o senador Cremonesi, governador de Roma, na visita feita à Igreja Nova, reviveu pomposamente os costumes medievais, com aplausos da imprensa fascista.

Mas se esses dois fatos não bastassem para destruir a alegação marinettiana, teríamos mais: Mussolini é, apesar de tudo quanto se queira dizer em contrário, ditador. Ditador – reconstrutor, se quisermos, mas ditador. E os ditadores, Marinetti não o deve ignorar, só existiram em passado remoto, pelo menos na Europa.

O *fascio,* distintivo dos camisas-pretas, foi desencavado das ruínas da Roma dos Césares; a saudação fascista, por sua vez, foi exumada da Roma dos Césares...

Mais ainda: o governo Mussolini suprimiu os conselhos municipais, uma das mais belas manifestações da democracia, restabelecendo os *podestá – podestá* que os imperadores enviavam para dirigir os negócios das cidades a eles sujeitas...

Esse governo futurista, como se vê, está revolvendo o passado e ao passado se apega, aliás inteligentemente, para, nas brilhantes e inapagáveis tradições da Cidade Eterna, solidificar o presente.

Onde, pois, enxergou Marinetti futurismo no governo que dirige os destinos da Grande Itália? Quais os efeitos da sua incansável e ardorosa campanha?

Ao cabo de vinte anos de lutas futuristas, voltam à atividade os costumes medievais, reaparecem os símbolos da Roma antiga.

Marinetti está na obrigação de explicar as razões desse futurismo às avessas. Não as explicará, entretanto. Como bom patriota que é, ingressará patrioticamente, embora por instantes, no passadismo, e tentará justificar com a sua notável eloqüência essas exumações.

E receberá aplausos fragorosos...

Não, Marinetti, para desfrutar ainda a fama que o envolve, deve, ao regressar ao seu país, repousar sobre os louros ou sobre as batatas colhidas na tormentosa cruzada. Seu verbo não chamará mais adeptos ao futurismo. Chamará, sim, público avultado para ouvir, apesar de surradas, interessantes palestras passadistas sobre a moda, o luxo, os cabelos cortados e o amor... Sua escola morreu. Quem conhece seus discursos e artigos de poucos anos atrás, e ouviu sua conferência, deve ter constatado, com intensa alegria, seu regresso ao passado, isto é, ao bom senso. Não nos iludamos. A Itália, dentro em breve, ouvirá sua nova profissão de fé. Marinetti, um dos seus mais brilhantes expoentes intelectuais, repudiando a impressão da batalha de Andrinopla, ingressará nas letras pensadamente equilibradas. E Marinetti, na nova fase da sua vida intelectual, será capaz de realizar obras prodigiosas.

FUTURISMO

ELLE — Zut-Tavara-Chim-bun bum téuf téuf? (Globo).
ELLA — Rrrr zzzzz Xi xi xi xi prrrá pún pum!
Nota — A traducção, só no futuro com o Marinetti ou o Graça Aranha.

Charge sobre o futurismo de Marinetti publicada no jornal
A Platéia (SP), 22/5/1926. Sem identificação de autoria.

Futurismo elástico

Devo aproveitar-me da presença de Marinetti em São Paulo para pôr em relevo as suas incoerências, ou melhor, a sua insinceridade.

No *Manifesto técnico da literatura futurista*, lançado em Milão a 11 de maio de 1912, diz:

É preciso destruir a sintaxe, dispondo os substantivos ao acaso, como nascem;
Deve-se usar o verbo no infinitivo;
Deve-se abolir o adjetivo para que o substantivo nu conserve sua cor essencial. O adjetivo trazendo em si um caráter de nuança é incompatível com a nossa visão dinâmica, pois que supõe uma pausa, uma meditação;
Deve-se abolir o advérbio;
Abolir também a pontuação.

Ora, a sua conferência no Cassino, embora magnífica, foi um amontoado de lugares-comuns; a sintaxe foi respeitada pelo inovador; os verbos não foram usados no infinitivo; a adjetivação cansou os ouvidos da assistência; a nuança, as pausas, a meditação brilharam e com elas a pontuação. Ninguém poderá contestar essa minha afirmativa, nem mesmo os modernistas de São Paulo. Mas não seria preciso apelar para a conferência aludida, no intuito de patentear suas incoerências. Todos os seus discursos, divulgados pelos jornais da Itália, aí estão a demonstrá-lo. Acompanhando Marinetti desde o dia em que soltou seu grito reformador, colecionei documentação não destituída de interesse. Está claro que não desejo fatigar os leitores com a divulgação desses documentos. É indispensável, entretanto, que reproduza, ao menos, pequeno trecho de um desses discursos, para evidenciar como Marinetti não se afasta da sintaxe, do adjetivo, do advérbio e da pontuação. Destaco-o da sua oração pronunciada no *Congresso dos Fascios de Combate*, e publicada no *I Nemici d'Italia*, semanário antibolchevista editado em Milão, n. 11, de 23 de outubro de 1919:

Eu aprovo incondicionalmente, em nome do futurismo e dos futuristas italianos, todo o programa dos *Fascios* de Combate, agora exposto pelo meu amigo Fabbri, mas em cujo programa encontro lacunas graves, sobre as quais chamo toda a vossa atenção. Fascistas! Não existe maior perigo para a Itália do que o perigo negro. O povo italiano que soube ousar, querer e cumprir o ingente esforço heróico e vitorioso da Grande Guerra, decidindo, com a sua vitória, a vitória do futurismo elástico genial sobre o passadismo teutônico cúbico e professoral, falharia à sua missão se não soubesse, energicamente, libertar a bela península ágil e palpitante de vida da "lues"[1] mortal do papado.
Nós devemos pedir, querer, impor a expulsão do papado, ou melhor ainda, com expressão mais precisa, a desvaticanização (svaticanamento).

A tradução é literal e a pontuação tal como se encontra no jornal aludido. Sintaxe, pois, adjetivos, advérbios e pontuação rigorosa.

O trecho acima reproduzido vem, sem o querer, confirmar tudo quanto disse anteriormente em relação ao governo Mussolini – chamado futurista por Marinetti. Este, como se viu, quer a expulsão do papado, e nunca, desde a queda do poder temporal, os governos italianos mantiveram tão boas relações com o Vaticano como o de Mussolini.

Outras coisas interessantes, porém, se encontram no pedacinho transcrito. Marinetti entende que a Itália moveu guerra à Alemanha, o que não é exato, e que, com a sua vitória, decidiu da vitória do FUTURISMO ELÁSTICO *e genial sobre o passadismo teutônico cúbico e professoral* que em nada mudou. Os professores alemães, pelo menos nas ciências, continuam a influir hoje, como ontem, no campo científico italiano.

Marinetti, entretanto, falou em *futurismo elástico*. E nisso andou acertando. A essa elasticidade devem ser atribuídas as suas incoerências com o próprio programa, e as suas concessões nas conferências do Cassino, onde um público que foi ouvir o verbo futurista ouviu apenas a exuberância latina passadista.

E nova demonstração dessa elasticidade está no seu devotamento por D'Annunzio[2], contra quem se insurgira em 1909. D'Annunzio, a despeito da evidência dos fatos e da imensa bagagem literária do imortal poeta da *Nave*, é, para Marinetti, futurista!...

No seu mencionado discurso, afirma o Pontífice preclaro: *Artisticamente, o gênio criador de D'Annunzio conquistou Fiume italiana.*

Mais ainda: Settimelli[3], que com Marinetti e Mario Carli[4] firmara as *noções elementares do futurismo*, escreveu, a 16 de outubro de 1919, no semanário *I Nemici d'Italia*, que do *congresso fascista saíram definitivamente irmanados: Marinetti, Mussolini, D'Annunzio.*

Para não chocar muito seus companheiros, Settimelli colocou o autor de *Forse che si, forse che no* em último lugar, e Mussolini em segundo... A seguir, porém, acentua: *Destes três nomes, o primeiro é certamente o mais hostilizado pela multidão. Não homem político como Mussolini,* mas artista afinal (ormai[5]) IMPOSTO A TODO O MUNDO COMO D'ANNUNZIO.

Esta declaração é preciosa. Settimelli, companheiro de Marinetti, confessa, assim, que D'Annunzio foi imposto a todo o mundo, e que os dezoito anos de campanha futurista não conseguiram ofuscar-lhe o nome nem pulverizar sua grande, sua imensa obra passadista, onde revivem figuras medievais a estimular a italianidade, a evocar o passado para dar brilho e prestigiar o presente.

Está, pois, o chefe do futurismo italiano a fazer barretadas ao Poeta eminente, cujo verbo passadista sacudiu a Itália, precipitando a sua entrada na guerra.

No "Scoglio di Quarto"[6], numa fulgurante oração evocadora das grandes e inesquecíveis glórias italianas, passando em revista os empolgantes vultos apedrejados por Marinetti e seus sequazes, descobrindo, na sombra, a figura imponente de Giuseppe Garibaldi, D'Annunzio fez vibrar de entusiasmo o povo italiano, que vibrará ainda e sempre ao ouvir a palavra genial que prende e arrebata, apesar da sintaxe, do adjetivo, do advérbio e da pontuação...

Eu, sinceramente, desejaria encontrar, na praça pública, apinhada de gente, D'Annunzio e Marinetti, para ver a multidão ululante a rechaçar Marinetti futurista e poder ouvir D'Annunzio passadista dos quatro costados, mas harmoniosamente equilibrado, cantar as glórias de Roma antiga – glórias que são os alicerces inabaláveis da Roma de ontem, de hoje e de amanhã.

Giacomo Balla, *Vórtice*, 1913-4, têmpera sobre papel.
Galleria d'Arte Fonte d'Abisso, Módena, Itália.

É futurista: quem quer abolir o papado

Nos períodos anteriores, deixei bem acentuado, como aliás nos demais artigos, que Marinetti, ao contrário das suas enfáticas afirmativas, nada modificou com os seus dezoito anos de campanha, nem na Itália governada, no seu dizer, pelo futurismo. Às suas palavras respondi com fatos, cuja eloqüência ninguém pôs em dúvida. Ainda assim, necessito repisar alguns desses fatos, completando-os. Para isso recorrerei aos seus ardorosos discursos de 1919, nos quais reclama para as suas hostes aguerridas a glória da organização dos primeiros *Fascios de Combate* — glória que não lhe pretendo tirar. Desejo, porém, acentuar que, apesar de fascistas combatentes, esses futuristas viram seu programa francamente repelido pelo governo futurista de Mussolini, que, segundo a palavra insuspeita de Settimelli, saíra dos congressos de Florença e Bolonha irmanado com Marinetti e D'Annunzio — este, irredutível passadista.

Na oração proferida num desses congressos, afirmou o poeta da batalha de Andrinopla que o futurismo *falharia à sua missão se não soubesse, energicamente, libertar a bela península ágil e palpitante de vida da "lues" mortal do papado.* Eles, futuristas, deviam *pedir, querer, impor a expulsão do papado, ou melhor ainda, com expressão mais precisa, a desvaticanização, e isso porque o maior perigo da Itália é o perigo negro* (vide *I Nemici d'Italia*, n. 11, de 23 de outubro de 1919).

Completando, ou melhor, ratificando o seu pensamento nas *noções elementares do futurismo*, assinadas por Marinetti, Settimelli e Mario Carli, vem firmemente declarado: é futurista na vida quem quer abolir o papado.

Com essa inapelável sentença, Marinetti repeliu Mussolini e o atual governo da Itália das suas fileiras, embora, incoerente como sempre, continue a afirmar ser futurista o governo da península...

E os repeliu porque Mussolini e governo, cientes de que o povo italiano, na sua esmagadora maioria é católico, começaram a cortejar o Vaticano desde os primeiros dias da ascensão do fascismo ao poder.

A visita do cardeal Pompili, vigário-geral de Roma, ao então síndico Cremonesi, no Capitólio, e a retribuição dessa visita, com todo o pomposo cerimonial — visita preparada diplomaticamente pelo governo —, foi a primeira manifestação do desejo de Mussolini em estabelecer com o Vaticano as mais estreitas relações, malgrado a campanha marinettiana.

De então para cá, não se tem cansado o governo de dar demonstrações públicas do seu acatamento ao Pontífice. A exoneração de Farinacci[1] do cargo de secretário-geral do Partido Fascista foi conseqüência da sua atitude em relação ao clero italiano e dos seus ataques ao *Osservatore Romano*, órgão da Santa Sé.

E ainda há pouco vimos Cremonesi, hoje governador de Roma, restabelecendo costumes medievais, dirigir-se em grande pompa à Igreja Nova, assim como vimos, com o auxílio do governo Mussolini, reconstruído o púlpito da catedral de Pisa, erguido em 1311 por Giovanni Pisano, e notícia tivemos de que à inauguração dessa obra de arte, copiada dos desenhos primitivos, Mussolini compareceu de corpo presente...

Mas ainda a propósito das relações do governo Mussolini com o Vaticano, temos o depoimento seguro de um paulista ilustre recém-chegado da Itália — Altino Arantes[2]. O ilustre ex-presidente de São Paulo, além de católico convicto, conhecedor da velha pendência existente entre a Santa Sé e a Itália, e da política vaticana e internacional, é um homem de larga visão, senhor de vasta cultura e de uma agudeza de observação pouco comuns.

Na sua recente visita à Cidade Eterna, em contato com as mais altas personalidades do mundo diplomático e político, teve o ensejo de apreender o que se passa nos bastidores relativamente à questão romana. Pelo desenrolar dos acontecimentos, está o dr. Altino Arantes:

convencido de que, com Mussolini no Governo, se chegará, numa época não muito distante, à solução da delicada questão. O dia em que Mussolini o conseguir, ele se sobreporá aos mais célebres estadistas que há tido a Itália: a sua glória ofuscará mesmo a do próprio Cavour[3], e o aplauso à sua atuação será, nesse dia, sem exceção. S. Ex. teve a impressão, colhida mesmo nos ambientes autorizados das esferas do Vaticano, que o acontecimento está amadurecendo seriamente. No fundo, a questão romana não existe legalmente, mas moralmente apenas. Em si, a "Lei das Garantias"[4] satisfaz plenamente, embora isso não constitua um ato definitivo. É uma lei votada por um Parlamento, mas que poderia ser revogada pelo mesmo Parlamento. A solução depende apenas de questões de forma. O dia em que for possível transformar a Lei das Garantias em um tratado em que os contratantes intervenham e se tratem de potência a potência, a Questão Romana[5] será definitivamente resolvida, com satisfação geral. A massa dos católicos que ainda hoje faz as suas reservas acerca da constituição do Estado Italiano afluirá, então, em torno do governo, como uma verdadeira onda de entusiasmo e de aplauso, e a Itália se elevará a uma altura maior ainda. O momento é propício, a obra de Mussolini é seguida com o mais vivo interesse e com a mais viva simpatia nos ambientes do Vaticano, e Mussolini, de outro lado, tem sabido granjear essas simpatias com gestos de deferência e com favores que têm sido altamente apreciados.

E isso que o dr. Altino Arantes declarou ao *Il Piccolo*[6] já vinha sendo observado nos meios políticos italianos e pelos jornais da península, e, ainda em junho deste ano, os jornais publicaram o seguinte despacho de Roma:

Na ocasião em que era discutido, no Senado, o orçamento da Justiça, o senador conde Eduardo Soderini elogiou a política religiosa seguida pelo governo, declarando que a questão romana será resolvida, em futuro muito próximo, pois a boa vontade mostrada por ambas as partes leva a essa conclusão. O conde Soderini interpretou o recente discurso do ministro da Justiça, sr. Rocca, como uma prova da futura conciliação com o Vaticano, e observou que os passos dados nesse sentido constituirão uma tarefa gloriosa para o futuro da nação.

Longe, pois, de *expulsar o papado*, Mussolini está vivamente empenhado em solucionar a velha questão.

Marinetti, entretanto, afirma: *é futurista na vida quem quer abolir o papado*. Mussolini não está pela abolição; logo, não é futurista. Como, porém, é chefe supremo do governo, nosso ilustre hóspede continuará a considerá-lo figura proeminente do seu grupo...

É que o seu futurismo (declarou-o no citado discurso) é *elástico genial*, isto é, GENIAL PORQUE ELÁSTICO. E graças a essa elasticidade — demonstrada, aliás, no Cassino, onde fez conferência passadista, cheia de lugares-comuns e de adjetivos sovados —, quando a questão romana for resolvida, Marinetti esquecerá a frase de 1919: *o futurismo falharia à sua missão se não soubesse, energicamente, libertar a bela península ágil*

e palpitante de vida da "lues" mortal do papado, e das noções
elementares do futurismo desaparecerá a sentença: *é futurista*
na vida quem quer abolir o papado.

Mas depois de sua conferência no Cassino, afirmei que
Marinetti é passadista, como todos os mortais... E o ilustre
intelectual e empolgante orador, num gesto gentil que me
cativou, quis dar-me, ele próprio, prova mais eloqüente.
Num discurso revelador de patriotismo ultrapassadista, pro-
nunciado na sede dos *Reduci*, falando da ação dos combatentes
na Grande Guerra e manifestando suas desconfianças quanto à
estabilidade da paz, aconselhou seus patrícios a OLHAREM PARA
O PASSADO *para prosseguir com o ardor no mesmo porvir.*

A vinda de Marinetti a São Paulo, é forçoso reconhecê-lo,
teve resultado altamente benéfico: desiludiram-se os moços que
aos seus manifestos se haviam agarrado para imitá-lo. Ouvido
o homem-dínamo, o efeito foi fulminante: desandaram a dizer
do futurismo de Marinetti o que Maomé não disse do toucinho...
Para completar a obra depurativa, entretanto, seria para
desejar que o ilustre inovador aqui permanecesse mais algumas
semanas a conversar com os intelectuais paulistas, a fim de
convencê-los, com o seu futurismo, de que em arte, como em
tudo, não há como o justo equilíbrio.

MARINETTI

—:— NOITE FUTURISTA —:—

HOJE — SEGUNDA-FEIRA — A'S 21 HORAS — HOJE

Theatro Casino Antarctica

Tratando-se de um movimento cultural, que interessa principalmente ás classes intellectuaes, a empreza põe á disposição exclusiva dos estudantes os bilhetes de galeria e geral no preço de 1$000.

Os bilhetes encontram-se á venda HOJE, na bilheteria do THEATRO CASINO ANTARCTICA, das 10 horas em diante, aos seguintes preços:
Poltronas, 10$000; Frizas, 50$000; Camarotes, 45$000
PROMENOIR, 3$000 :——: (incluindo imposto)

MARINETTI

HOJE —— A's 21 horas —— HOJE

2.a noite futurista
« NO »
THEATRO CASINO ANTARCTICA

Os bilhetes encontram-se á venda HOJE, na bilheteria do THEATRO CASINO ANTARCTICA das 10 hs. em diante aos seguintes preços: Frizas, 75$000; camarotes, 70$000; poltronas, 15$000; galerias numeradas, 7$000; geraes, 5$000. (Incluindo imposto).

MARINETTI

AMANHÃ, 3 — A's 21 horas — AMANHÃ, 3

Conferencia Futurista
DA MICHELANGELO A BOCCIONE
— NO —
Theatro Casino Antarctica

PREÇOS (inclusive imposto): Frizas, 75$000; Camarotes, 70$000; Poltronas, 15$000; — Galerias num., 7$000
GERAES .... 5$000

BILHETES A' VENDA DESDE JA' NA BILHETERIA
NO THEATRO SANT'ANNA

Material publicitário divulgado pela imprensa paulistana informando as três conferências de Marinetti em São Paulo. No sentido de cima para baixo, respectivamente: *Jornal do Commercio* (24/5/1926) e *A Platéia* (27/5/1926 e 2/6/1926).

Michelangelo e... Boccioni

Filippo Tommaso Marinetti vai realizar a sua última conferência em terra paulista[1], onde, levado por informações menos exatas, julgou encontrar um mundo de adeptos...

Teremos, assim, uma hora bem agradável, pois, repito-o, o egrégio fundador da escola já inexistente é um orador interessante, que se ouve com prazer e sem cansaço, apesar do amontoado de incoerências e de lugares-comuns. E sua nova conferência deve ser mais hilariante do que a primeira. Ao terminar esta, anunciou que na próxima trataria do futurismo na música. Mudou, entretanto, de idéia.

Receoso de que alguém surgisse para lhe dizer que Debussy há mais de 30 anos fazia futurismo, quando seu manifesto foi divulgado em 1909, não desejou ver Pratella, musicista italiano, em plano inferior no tocante às inovações musicais.

Daí, provavelmente, a escolha de outra tese...

Marinetti vai falar *de Michelangelo Buonarroti a Boccioni*[2]...
Michelangelo pintor, escultor, arquiteto e poeta, em todas as suas manifestações artísticas, deixou sulcos profundos da sua genialidade. O autor de *Moisés*, diria Marinetti, esculpia diretamente na pedra, sem recorrer à modelagem prévia. Mas isso só poderá servir para demonstrar a grande segurança do gênio florentino. Dirá, talvez, que a anatomia não o preocupava, mas confessará que o desenho lhe merecia carinhoso cuidado. E é por isso que as suas obras pictóricas, escultóricas e arquitetônicas ainda vivem e ainda provocam, e provocarão sempre, a admiração da humanidade, desafiando, solidamente, as arremetidas do tempo. *O juízo universal*, na Capela Sistina, *Moisés*, sobre o mausoléu de Giulio II, a cúpula de São Pedro, *Baco*, *Davi*, o Palácio Farnese, o Capitólio, o *Dia* e a *Noite* nos túmulos de Lourenço e Giuliano de Médici, e tantos outros trabalhos mantêm e continuarão a manter o prestígio do artista genial.

Marinetti, entretanto, pretenderá descobrir afinidades entre Michelangelo e Boccioni, tentando demonstrar, quiçá, a superioridade deste sobre aquele...

Pilhéria pura... Bastará que as pessoas que forem ao Cassino conheçam as conclusões a que chegou Umberto Boccioni, pintor e escultor, no seu "Manifesto Técnico da Escultura Futurista", publicado em Milão a 11 de abril de 1912, para receber com gargalhadas as afirmativas marinettianas. A simples leitura dessas conclusões — por mim vertidas literalmente do original italiano — será, por si só, suficiente para convencer os mais irredutíveis de que não podem existir Marinettis no mundo capazes de defender, a sério, semelhantes disparates.

Leiamo-las, pois:

1) Proclamar que a escultura se propõe à reconstrução abstrata dos planos e dos volumes que determinam as formas, não o seu valor figurativo.

2) ABOLIR EM ESCULTURA, como em qualquer outra arte, o SUBLIME TRADICIONAL DOS ASSUNTOS.

3) Negar à escultura qualquer escopo de reconstrução episódica verista, mas afirmar a necessidade absoluta de servir-se de todas as realidades para voltar aos elementos essenciais da sensibilidade plástica. Tomando, pois, os corpos e as suas partes como ZONAS PLÁSTICAS, teremos, em uma composição escultórica futurista, planos de madeira ou de metal, imóveis ou mecanicamente móveis, para o objeto, formas esféricas peludas para os cabelos, semicírculos de vidro para um vaso, fios de ferro e reticulados para um plano atmosférico etc. etc.

4) Destruir a nobreza toda literária e tradicional do mármore e do bronze. Negar a exclusividade de uma matéria visando à inteira construção de um todo escultórico. Afirmar que até vinte matérias diversas podem concorrer numa obra só para o objetivo da emoção plástica. Indicaremos algumas: vidro, madeira, papelão, ferro, cimento, crina, couro, tecido, espelhos, luz elétrica etc. etc.

5) Proclamar que na intercessão dos planos de um livro com os ângulos de uma mesa, nas retas de um fósforo, no caixilho de uma janela, existe mais verdade que em todas as fibras dos músculos, em todos os seios e em todas as nádegas dos heróis ou nas Vênus que inspiram a moderna idiotice escultórica.

6) Que somente a moderníssima escolha de assuntos poderá levar à descoberta de novas IDÉIAS PLÁSTICAS.

7) Que a linha reta é o único meio capaz de conduzir à virgindade primitiva de uma nova construção arquitetônica das massas ou zonas escultóricas.

8) Que não pode existir renovamento senão através da ESCULTURA DE AMBIENTE, porque com essa plástica se desenvolverá, prolongando-se no espaço para modelá-lo. Portanto, desde hoje também a greda poderá MODELAR A ATMOSFERA que circunda as coisas.

9) A coisa que se cria não é senão a ponte entre o INFINITO PLÁSTICO EXTERIOR E O INFINITO PLÁSTICO INTERIOR, visto que os objetos não acabam nunca e se confundem com infinitas combinações de simpatia e choques de aversão.

10) É preciso destruir o nu sistemático: o conceito tradicional da estátua e do movimento.

11) Repelir corajosamente qualquer trabalho, de qualquer preço, que não encerre em si uma pura construção de elementos plásticos completamente renovados.

Marinetti, examinando a obra de Boccioni estribada nesses onze mandamentos, e voltando o olhar para as obras perfeitamente artísticas e humanas de Michelangelo, fará concessões passadistas, afirmando que Buonarroti foi futurista no seu tempo. Na impossibilidade de encontrar adeptos entre os vivos, Marinetti vai buscá-los nas poeirentas e seculares sepulturas. Já na primeira conferência declara ser futurista a *Divina comédia*, obra adotada nas escolas italianas...

Hoje, Michelangelo ingressará no seu grupo...

Mas o futurismo é genialmente elástico. A elasticidade permite todas as incoerências, todos os disparates. Incoerências e disparates que não me tenho cansado de apontar, sempre alicerçado em fatos concretos e nos manifestos de Marinetti e seus companheiros.

No tocante à literatura, por exemplo, decretou o célebre e ilustre inovador (n. 2 do seu "Manifesto Técnico...", de 11 de maio de 1912):

DEVE-SE USAR O VERBO NO INFINITIVO, para que se adapte elasticamente ao substantivo e não se submeta ao "eu" do escritor que observa ou imagina. O verbo no infinitivo só pode dar o senso da continuidade da vida e da elasticidade da intuição que a percebe.

Aos discípulos, como se vê, Marinetti aconselha o uso do *verbo no infinitivo*, indefinidamente. Ele, porém, o repele. Quem o afirma não sou eu. É sua ilustre esposa, pintora futurista...

Dona Benedetta — com quem tive a honra de conversar no Cassino, dela discordando delicadamente das opiniões do marido, pela distinta dama endossadas —, escrevendo para o *Fanfulla* sobre *Os indomáveis*, o mais recente volume de Marinetti, disse ter sido esse livro escrito com *continuada simultaneidade de imagens, sons e rumores. Destruição de períodos engalanados e em degraus. Frases breves,* SEM VERBO. PONTUAÇÃO EMPREGADA APENAS PARA EVITAR O EQUÍVOCO.

Mas, no "Manifesto Técnico...", sentenciou Marinetti, no 6º articulado:

ABOLIR TAMBÉM A PONTUAÇÃO. Suprimidos os adjetivos, os advérbios e as conjunções, a pontuação é naturalmente anulada, na continuidade variada de um estilo "vivo", que se cria por si, sem as paradas absurdas das vírgulas e dos pontos. Para acentuar certos movimentos e indicar suas direções, serão empregados sinais da matemática: ÷ × : = > <, e os sinais musicais.

Isso no manifesto aludido. Nos *Indomáveis*, entretanto, afirma-o a distinta dona Benedetta, frases curtas, SEM VERBO, E PONTUAÇÃO APENAS PARA EVITAR O EQUÍVOCO. Além dessa pontuação, *algumas palavras isoladas entre dois pontos para que se transformem em ambiente e atmosfera...*

Não é necessário grande esforço para contraditar o arrebatador conferencista. Resta apenas ativar Marinetti contra Marinetti. Dessa luta dos seus livros, dos seus manifestos e das suas conferências, ressaltam preciosos elementos para provocar o riso debochativo da gente que se queira dar ao alegre trabalho de raciocinar dois segundos...

Umberto Boccioni, *Stati d'animo II: quelli che vanno*, 1911, óleo sobre tela. Museu de Arte Moderna (MoMA), Nova York.

Michelangelo futurista

Marinetti realizou sua última conferência. Teatro quase às moscas... Poucas filas de cadeiras ocupadas, algumas frisas, meia dúzia de camarotes, e torrinhas cheias de espaços vazios... Nem podia deixar de ser assim... Da primeira vez, enchente à cunha, porque lhe haviam preparado a recepção que sinceramente lamentei; da segunda, público bem numeroso, levado pela curiosidade de constatar se o inovador conseguiria falar; da terceira, grande abstenção, por ter a nossa cidade verificado que o gênio é daqueles em cuja presença nhá Chica pode fazer uso do pito...

O chefe do futurismo, cuja escola não admite o passado, para justificar, a seu modo, a pintura e a escultura de Boccioni, que nos seus onze mandamentos determina sejam empregadas, numa obra escultórica, vinte matérias diversas, como *cimento, crina, fio de arame, couro, tecido, vidro, luz elétrica etc.*, para justificar essa escultura, dizia, Marinetti alongou o olhar para o passado remotíssimo... Foi ao Egito e à Grécia, analisando, com entusiasmo, a sua escultura lindamente arcaica, entoando, a seguir, hino vibrante, aliás merecido, à arte incomparável do imortal florentino, e acentuar que as suas obras atingiram perfeição jamais alcançada pelos gregos. A *Davi* e a *Moisés* só falta o uso da palavra. Eles, porém, palpitam, têm vida. Chega depois às decorações da Capela Sistina e, examinando os grupos criados por Buonarroti, descreve as belezas da expressão, o movimento assombroso dos músculos das figuras, os quais assumem proporções gigantescas. Nesse descarnamento de músculos quis Michelangelo transmitir a exata impressão de força que esses músculos poderiam atingir. Em *Davi*, o grande artista quis dar vida ao mármore e o mármore palpita; nas figuras que compõem a decoração da Capela Sistina, quis dar dramaticidade ao corpo humano, e o corpo humano tem dramaticidade.

Michelangelo, pois, veio ao encontro de Boccioni... Este, com suas obras escultóricas compostas de vinte matérias diferentes, completou o esforço do maior escultor italiano, destronando-o...

E, para convencer a pequena assistência, Filippo Tommaso Marinetti agarrou-se a certo quadro de Umberto Boccioni, *A cidade que sobe*, o qual, no seu dizer, alcançou ruidoso sucesso. É um subúrbio, diz, atravessado por pontes metálicas, fios, andaimes, chaminés e casas. É a cidade tumultuada que se eleva... Embaixo, dando a impressão do movimento do material necessário à elevação da cidade, um cavalo vermelho, cavalo deformado, que representa, ao mesmo tempo, um exemplar da raça eqüina, uma onda envolvente, uma chama... Pela descrição feita, podem os leitores avaliar que espécie de cavalo é essa...

Boccioni, declarou Marinetti, sempre amou ardentemente os cavalos. Neles estudava os movimentos, a força incontida e a inteligência... E aí se verifica como o rival de Michelangelo conhecia os animais... O cavalo, ninguém o ignora, é bem menos inteligente do que o burro. Por isso, quando, para classificarmos certos indivíduos, empregamos o adjetivo *burro*, fazemos profunda injustiça ao asno esclarecido.

Mas Boccioni amava os cavalos e, futuristicamente, montava-os sem saber montar, o que lhe valeu queda desastrosa que o levou à sepultura antes do tempo. Os perversos dirão que o bucéfalo, revoltado pela maneira grotesca por que fora um seu semelhante deturpado na tela *A cidade que sobe*, tratou de vingar-se...

E, assim, ao mundo não foi dado conhecer uma obra escultórica completa de Boccioni, com essa mistura de *cimento, crina, luz elétrica, fios de arame, tecidos e papelão...*

Para realçar os grandes méritos do escultor futurista, falou Marinetti mais de duas horas, ouvido religiosamente. Falou como o mais loquaz dos passadistas, desses que se repetem a todo o instante, abusando escandalosamente dos advérbios e dos adjetivos — coisas horríveis que o seu manifesto técnico de literatura não permite... Em duas horas de palestra empregou o adjetivo *interessante* trezentas vezes; *belo*, cento e sessenta; *magnífico*, umas oitenta, e *grande*, outras duzentas. Levou duas horas e pico para discorrer sobre coisas sabidas e para incluir Michelangelo no minguado grupo futurista. E ainda assim não foi novo...

Estava mesmo escrito:

... Michelangelo, morto em 1564, viu-se metido, à força, na estertorante escola de Marinetti...

Na caravana da vida

Corrida de automóveis na avenida Paulista (1924).

Coelho Neto

A morte física de Coelho Neto[1] deixou-me perplexo, embora soubesse que seu estado de saúde, agravado depois do desaparecimento de sua extremosa e dedicada companheira, dona Gaby, estava de há muito a denunciar o doloroso desfecho. É que eu confiava ainda na resistência do velho amigo e companheiro, na tenacidade heróica com que sempre lutara contra o mal que de alguns anos a esta parte lhe rondava sinistramente a morada, roubando-lhe os entes mais queridos e minando-lhe o próprio organismo. Não esperava, pois, que se fosse, assim, subitamente. Atordoado pelo golpe brutal, li os necrológios que lhe teceram com a mesma emoção com que percorri a crônica fraternal saída da pena privilegiada de Humberto de Campos[2]. E senti que eu, também, devia a Coelho Neto umas linhas de saudade. Desejava, porém, nelas recordar certos episódios e ilustrá-los com documentação no momento perdida na avalanche de papéis que me acompanham e que por circunstâncias alheias à minha vontade se encontravam na mais completa das desordens. Carecia de tal documentação não para traçar elogio fúnebre do príncipe dos prosadores brasileiros, mas para dar aos leitores uma idéia da sua rara capacidade de trabalho, da facilidade com que mesmo quando assoberbado por uma série de complicações, escrevia romances de mais de duzentas páginas.

Coelho Neto, todos o sabem, foi um dos poucos homens de letras que, no Brasil, durante largo período de tempo, viveu exclusivamente da pena. Para tanto, produzia como um desesperado, enchendo diariamente um mundo dessas suas clássicas laudazinhas de papel transparente, sem pauta, com aquela sua letrazinha miúda, admirável, que a todos davam a impressão de páginas litografadas. E o seu labor mais se intensificou quando a politiquice de seu estado natal, ao tempo ainda de Urbano Santos[3], o afastou inesperadamente da cadeira que na Câmara Federal tanto honrara. Amigo e companheiro seu de longa data, nunca deixei de segui-lo de perto e de procurá-lo, sempre que isso me era possível. Ele, aliás, pagava-me na mesma moeda, como o atesta esta sua carta, de 20 de abril de 1924, escrita em Poços de Caldas:

> Passei por São Paulo a vôo de pássaro, não procurei ninguém. A ânsia de desencaroçar-me sobreexcedeu a amizade e aqui estou a abluir-me, pondo-me em compota sulfurosa. Na minha volta irei conversar uma hora contigo sobre a proposta que fiz dos contos, e que aceitaste, conforme o telegrama que me transmitiste para o Rio e que de lá me foi recambiado por um de meus filhos. Praza a Deus que eu daqui leve um pouco de saúde quanto baste para que possa pôr por obra alguns dos temas que tenho esboçados dos quais saberei escolher os que mais convenham aos leitores do teu jornal. Enfim, lá conversaremos. Aqui, neste regalo em que vivo, férias curtas que preciso aproveitar para repouso do corpo e do espírito, nada farei senão lavar em expurgo a carcaça, comer à farta e dormir à larga. Só trabalharei no Rio e de lá terás os prometidos contos.

Os contos aludidos na carta que acima reproduzi têm uma explicação nesta outra, expedida do Rio e datada de 8 do mesmo mês:

Aqui vai o meu quarto artigo e, com ele, uma idéia que submeto ao teu parecer. Não será melhor que eu te mande contos? Ganhará com isso o jornal... e eu também, porque colecionarei o que publicar em volumes. Preciso aproveitar o tempo que me resta. A crônica é efêmera, o conto tem mais vida e sempre a pena acha mais gosto em trabalhar um assunto literário que comentar banalidades do noticiário. Há casos que se impõem e seduzem, isso há, pois quando os houver irei por eles; acho, porém, que devo fazer minha roça em terreno mais do meu gosto, salvo se disseres não. Conto passar por aí em trânsito para Caldas – na próxima semana. Se tiver tempo irei ver-te.

Atendi, como se viu, à solicitação. E Coelho Neto escreveu inúmeros contos, depois enfeixados em livros. Escrevia-os quatro ou cinco, todos os meses. Isso durante anos a fio. Não lhe dava muito, em troca. Dava-lhe, sem regatear, o pedido: cem mil réis cada. Um rodapé, ou um quarto de coluna. À sua vontade. Mas em setembro desse mesmo ano de 1924, numa visita que lhe fiz na sua acolhedora vivenda da rua do Rozo, mais tarde rua Coelho Neto, pedi-lhe um romance. Romance que desejava distribuir para os assinantes do *Jornal do Commercio* como presente de festas. A impressão correria por nossa conta. Queríamos, pois, os direitos autorais. Que fizesse o preço. Os originais deveriam estar em minhas mãos, no mais tardar, a 10 de novembro. A nossa conversa verificara-se na segunda quinzena de setembro. A 23 desse mês, Neto, em carta solene, expunha as condições. *O polvo* seria o título do romance. Pedia oito contos de réis: cinco pagos no ato de receber a carta de 23; três, uma vez entregues os últimos originais. A 27, recebia ele, por intermédio da Casa Martinelli[4], a primeira prestação de cinco contos, e a 24 ou a 26 de outubro, recebia eu os últimos originais de um romance de 214 páginas! Isso sem síncopes na remessa pontual dos contos semanais. Desse período conservo cartas inúmeras, todas elas reveladoras do afã com que o príncipe vinha trabalhando.

Acredito que de *O polvo* fizemos uma tiragem de 20 mil exemplares. Não me recordo bem. Certo é que, de todos os livros de Coelho Neto, é esse o menos conhecido. Parece-me interessante, pois, dar uma idéia do seu entrecho, reproduzindo o que o autor me escreveu na sua já mencionada carta de 23 de setembro:

O romance intitular-se-á *O polvo* e versará sobre casos da vida contemporânea, desenvolvendo-se a ação do mesmo nesta cidade e seus arredores, estendendo-se, talvez, a São Paulo. O tema será a dissolução de um lar por infiltração da vaidade. O protagonista vítima principal d'*O polvo*, que é a cidade, com seus múltiplos tentáculos de sedução, é um funcionário público, tipo de desfibrado, sem energia alguma, que se deixa arrastar pela mulher e pela filha, comprometendo-se em operações de aventura, escravizando-se a prestamistas, aviltando-se às mais deprimentes baixezas, sem dar atenção ao lar que se subverte em catástrofe, levando no soçobro a honra. Em tal descalabro, entrando a um e um, a súbitas, multiplicam-se os vícios como nas ruínas verminam os sevandijas[5]. O teatro da tragédia obscura será a cidade com as seduções deslumbradoras, atraindo, arrochando as vítimas até reduzi-las a rebotalhos miseráveis. Formando coro em volta das três figuras centrais, revezando-se iterativamente nos cenários, ora espetaculosos, ora lúgubres, transitarão tipos vários encarnando símbolos, desde o da miséria mais sórdida ao da mais arrogante opulência; desde o do mais virtuoso e tímido pudor até o do mais deslavado cinismo. E a natureza concorrerá com o seu esplendor para o maior realce das cenas, torpes ou dolorosas, místicas de piedade, de elegância e espírito idílicos ou vis. Eis, em síntese, o que será o romance, cujas provas, depois da primeira joeira, me deverão ser remetidas para revisão final.

Mas ao meu querido Coelho Neto preguei certa feita peça que, afinal, não o molestou. Aliás, se a isso me animei, é porque levava em linha de conta a nossa velha e sólida amizade. Em 1925, como está na lembrança dos contemporâneos, foi anunciada a travessia do Atlântico pelo conde Casagrande[6], jovem valoroso que na Grande Guerra se revelara arrojadamente bravo. Viria em possante avião, de um salto. O feito estava, pois, a reclamar um hino a ser cantado no dia em que o voador amarrasse na Guanabara luminosa. E quem melhor que Coelho Neto poderia entoá-lo? Quem melhor que ele saberia exaltar as asas latinas, a águia que Roma gloriosa nos enviava? Pedi-lhe, pois, esse hino. E a 23 de dezembro chegava às minhas mãos uma obra-prima, acompanhada das seguintes linhas: "Aqui tens o *tour de force*. Custou! Não creio que tenhas ensejo de o publicar, porque, pelos modos, o homem não vem cá das pernas. Reservo-te uma surpresa. Tê-la-ás aí depois de amanhã". Deixemos a surpresa para outro dia e tratemos de Casagrande. A 12 de janeiro de 1926, depois de tratar de conferência a ser realizada em São Paulo por pessoa das suas relações, Neto indagava e respondia: "E o Casagrande? Nem choupana, meu velho, menos que palhoça". Efetivamente, Casagrande não deu para a saída. Arrepiou carreira. Guardei o hino — pago, embora não publicado. Em 1928, entretanto, foi anunciado o vôo vitorioso de Ferrarin e Del Prete[7]. Esses, sim, chegariam, como chegaram, ao Brasil! Passei a mão no hino de Coelho Neto que estava dormitando, fazia dois anos, numa das minhas gavetas. Procurei imitar o estilo do eminente prosador. Alterei frases, fiz alguns períodos novos, substituí nomes e com ele abri a página dedicada aos ases — respeitada, está visto, a assinatura de Coelho Neto. E foi a coisa melhor que apareceu nos jornais paulistas. Datado de 9 de julho de 1928, recebia eu este cartão do amigo a cuja revelia adulterara o trabalho:

Venho agradecer-te a boa gargalhada que me fizeste dar. Elas são tão raras ultimamente!... Têm razão os velhos em dizer: "Guarda a roupa velha que, um dia, te poderá servir". Guardaste o que fiz para o Casagrande e, com poucos reparos, aproveitaste-a. O engraçado é que o que foi talhado para um serviu a dois e, francamente, não lhes ficou mal. E assim se escreve a história...

Neto, esse grande lidador, esse espírito rutilante que tudo deu à literatura brasileira, foi nestes últimos anos o alvo predileto das irreverências dos chamados renovadores, poucos dos quais capazes de alinhavar meia dúzia de períodos sem escoicear a língua, a arte e o bom senso. Mas antes disso, já quando se anunciara que Coelho Neto pretendia rever sua obra, o *Paiz*[8] perguntava, num *suelto*[9] mordaz, o que dela ficaria se o autor resolvesse escoimá-la dos adjetivos. Todas essas investidas, entretanto, não afastaram Henrique Coelho Neto da sua rota, nem lograram empanar o brilho que se desprende da sua centena de volumes. Neto não olhou nunca para trás. Nem poderia olhar. E a propósito do chamado movimento renovador, dizia-me em uma carta:

Para desespero dos futuristas aqui vai a minha primeira crônica. Não sei se o público de São Paulo a aceitará de boa sombra ou se lhe voltará a face, já aparceirado com os do "bota abaixo". Eu sou o que sou e já agora, aos 60 anos, não posso tornar-me... outro.

Divulgando páginas inéditas, recordando fatos já tão distantes, tenho a impressão de que estou a conversar com o querido amigo. Relendo suas cartas, fixando a atenção na sua letra verdadeiramente maravilhosa, sempre igual, como igual sempre foi a sua firma, aos 40, como aos 65 anos, enxergo a meu lado Coelho Neto, sereno, tranqüilo. Ouço sua voz harmoniosamente pausada, vejo o turbilhão das suas imagens vestidas com a roupagem farfalhante do seu verbo perfeito, empolgante, envolvente. E alongando o olhar para a estante que tenho em frente, diviso uma ruma de livros seus, todos eles acompanhados de uma frase amável, de uma palavra amiga. E convenço-me de que Coelho Neto, morto fisicamente, ainda vive e vivo estará sempre na lembrança do Brasil — que ele tanto amou e tanto engrandeceu com a sua arte.

Brás, Bexiga e Barra Funda

A amizade não me cegou nunca. Os verdadeiros amigos o são, de fato, quando manifestam francamente seu modo de pensar, agrade ele ou desagrade. De Alcântara Machado (Antonio) divergi muitas vezes. E muitas vezes tivemos acalorados debates, dos quais a nossa amizade saiu mais consolidada. E novas divergências, novos debates teremos ainda. Não sou, pois, incondicional. No dia em que, para ser agradável a alguém, tivesse que contrariar a minha opinião íntima, a pena certamente não me obedeceria.

Como *Pathé-Baby*, os contos enfeixados no elegante volume de Antonio nasceram nas colunas do *Jornal do Commercio*. "Gaetaninho", o primeiro deles, saiu na página *Só aos domingos*. Depois desse, outros vieram. A maioria, entretanto, é inédita. Mas meu encargo não é contar como nasceram esses contos, melhor, esses estudos de tipos que enchem as ruas de São Paulo.

Minha obrigação é dizer se eles têm merecimento. E, antes de mais nada, sem detalhar, afirmo que *Brás, Bexiga e Barra Funda* é livro simplesmente delicioso, que a gente lê de um fôlego e entristece ao chegar ao fim. Antonio de Alcântara Machado é um escritor que encanta com a sua prosa clara e incisiva, com a sua observação penetrante e pouco comum em homens de sua idade. Alcântara é um analista invejável. Com duas penadas, traça o perfil físico, moral e intelectual dos seus tipos, que vivem, se movimentam e conversam com o leitor. E se *Pathé-Baby* denunciaria o escritor impressionista por excelência, *Brás, Bexiga e Barra Funda* autoriza a dizer, sem receio, que seu autor, se o quiser, será um notável romancista. Para isso não lhe falta imaginação e sobram-lhe as qualidades de cuja ausência se ressente a maioria dos nossos escritores que tentaram fazer romance. O segredo do romance não reside no seu entrecho, mas na apresentação dos tipos ideados e no desenvolvimento dos episódios que se devem desenrolar com espontaneidade e leveza. Ora, cada um dos contos do novo livro de Antonio de Alcântara Machado patenteia essas qualidades todas, apontando-o como um dos poucos escritores nacionais capazes de nos oferecer, dentro em breve, primorosos romances de costumes.

Brás, Bexiga e Barra Funda não é um livro. Quem o afirma é o autor e eu divirjo. Para Antonio é um jornal que reúne tãosomente notícias de São Paulo. É uma folha que procura apresentar reportagens, cenas de rua, nas quais figuram personagens que formarão a população de São Paulo de amanhã. Os ítalo-paulistas mereceram a atenção do escritor, que apanhou flagrantes interessantíssimos. Apanhou os tipos e reproduziu a sua linguagem curiosa. E foi de uma grande felicidade. Feche-se o leitor numa sala e leia, depois em voz alta, um dos contos de Antonio. As pessoas que se encontrarem do lado de fora terão a impressão exata de que estão a ouvir um desses pequenos apaixonados comentadores dos jogos do Palestra ou uma dessas graciosas costureirinhas de cabelos cortados a contar à companheira as suas venturas amorosas. Para muitos, as páginas de

Brás, Bexiga e Barra Funda parecerão charges satíricas, reveladoras da italofobia do autor. Errará, porém, quem assim as quiser apreciar, pois o escritor, no prefácio, que subordinou ao título *Artigo de fundo*, explicou claramente, lealmente sua intenção. E mesmo se não a tivesse explicado bastaria para denunciar o núcleo de nomes ítalo-brasileiros ao quais o livro é dedicado. Apesar disso, porém, parece-me oportuna a reprodução, aqui, dos últimos períodos do *Artigo de fundo:*

... *Brás, Bexiga e Barra Funda,* como membro da boa imprensa que é, tenta fixar tão-somente alguns aspectos da vida trabalhadeira, íntima e cotidiana desses novos mestiços nacionais e nacionalistas. É um jornal. Mais nada. Notícia. Só. Não tem partido nem ideal. Não comenta. Não discute. Não aprofunda. Principalmente não aprofunda. Em suas colunas não se encontra uma única linha de doutrina. Tudo são fatos diversos. Acontecimentos de crônica urbana. Episódios de rua. O aspecto étnico-social dessa novíssima raça de gigantes encontrará amanhã seu historiador. E será então analisado e pesado num livro. *Brás, Bexiga e Barra Funda* não é um livro. Inscrevendo em sua coluna de honra os nomes de alguns ítalo-brasileiros ilustres, este jornal rende uma homenagem à força e virtudes da nova fornada mameluca. São nomes de literatos, jornalistas, cientistas, políticos, esportistas, artistas e industriais. Todos eles figuram entre os que impulsionam e nobilitam nesse momento a vida espiritual e material de São Paulo. *Brás, Bexiga e Barra Funda* não é uma sátira.

Antonio de Alcântara Machado fixou apenas alguns aspectos da vida de trabalho íntima e cotidiana desses novos mestiços nacionais e nacionalistas. Disse bem: nacionais e nacionalistas porque o filho de italiano nascido no Brasil leva seu amor à terra que lhe foi berço ao ponto de tornar-se jacobino extremado. Numa roda em que se procura arranhar o nosso país, o ítalo-brasileiro será mais ardoroso na defesa do que o brasileiro puro, aliás, nem sempre fácil de encontrar-se.

Ao fixar esses aspectos, o autor de *Brás, Bexiga e Barra Funda* foi apanhar seus tipos muito ao rés-do-chão. Mergulhou, talvez, na maioria. Forçoso, porém, é reconhecer que a mentalidade de toda a gente nova formada pelos ítalo-paulistas não é a fixada pelo ilustre escritor. Nem a mentalidade, nem o seu linguajar. Essa escolha, porém, deve ter sido proposital. Se Antonio tivesse procurado apanhar flagrantes em camadas de sobreloja e de primeiro andar, não faltaria quem lhe quisesse atribuir intuitos pejorativos.

Já disse acima que *Brás, Bexiga e Barra Funda* é um livro delicioso. E o é de fato, sem favor. Os contos que reúne em suas páginas são verdadeiras jóias literárias. Qualquer um deles, ao acaso, agradará. E mesmo que assim não fosse bastaria um, apenas, para confirmar o indiscutível valor de Antonio de Alcântara Machado. "Corinthians (2) *vs*. Palestra (1)" é uma perfeição. Em quatro páginas e meia o leitor assiste a um desses empolgantes jogos de futebol, acompanhando todas as peripécias, sem perder uma frase, um movimento sequer dos apaixonados torcedores. São quatro páginas e meia vividas, são 22 jogadores que driblam e marcam pontos para o seu clube, são um mundo de espectadores que *escutam* o calor e *sentem* os gritos, são uma multidão que vibra de entusiasmo. E para quem é capaz desse prodígio todos os elogios são poucos.

João do Rio

Poderei ser considerado suspeito para falar de João do Rio. Não importa. Fui seu amigo fraternal, conheci, em longos anos de convivência, sua vida, sua capacidade intelectual, seu caráter, a beleza e bondade do seu coração. E porque assim o conheci, muito de perto, senti-me sempre habilitado a rebater as injustiças que os eternos invejosos lhe faziam. Para os gratuitos e impotentes demolidores da obra e do caráter do mais cintilante e mais produtivo escritor patrício, Paulo Barreto não passava de teúdo e manteúdo dos cofres públicos paulistas... Infâmia! Paulo amava nossa terra como ninguém, manifestando esse amor em artigos e crônicas nas quais, sinceramente, sem visar interesses inconfessáveis mediatos ou imediatos, expunha seus sentimentos em relação a São Paulo e à gente que lhe dirigia os destinos. Nunca pediu favores compensadores da sua eficiente e espontânea propaganda pelas colunas dos principais órgãos cariocas. Nela, entretanto, os que transformaram o jornalismo em pé de cabra, talvez por experiência própria, enxergavam, doidos de ciúme, possíveis e fabulosos proventos para o seu autor... Pura fantasia. A Paulo Barreto sequer dispensavam agradecimentos. E quando, certa vez, para servir amigos, escreveu meia dúzia de páginas fulgurantes em duas revistas, uma do Rio, estrangeira outra, mediante irrisória compensação, inteiramente destinada às duas publicações aludidas, os cavalheiros que verbalmente as haviam autorizado fugiram ao compromisso, deixando-o em situação moral menos feliz. E lembro-me, ainda hoje, do comentário bem-humorado de Paulo:

— Você é testemunha do coice que acabo de receber e, no entanto, no Rio se afirma que nos meus bolsos entraram dezenas de contos... Essa gente de São Paulo, meu caro, alucinada pela glória das suas bandeiras, perdeu o senso comum: entende que jornais e revistas devem encher páginas de aplausos aos seus triunfos, de graça, sem o dispêndio até de um comezinho muito obrigado... Está, positivamente, mal-habituada, e quem assim a habituou fui eu... Curioso é que nem ao menos os seus órgãos respondem às folhas amarelas, quando em *sueltos* mordazes afirmam que vivo às sopas do Tesouro de São Paulo...

E então, com a fascinadora elegância verbal, toda sua, passou a fazer a charge desopilante dos que lhe deram o coice, exclamando ao concluir:

— Que sucesso isto não alcançaria se eu tivesse caráter para vingar-me desses administradores com o rei na barriga, em plena República!

Paulo Barreto foi a vítima predileta dos maldizentes. Não se molestava todavia com as lendas que a seu respeito criavam. Parecia, ao contrário, que sentia prazer estranho em alimentá-las. Pensando com Finot[1], que na impossibilidade de caluniar a natureza se calunia o seu mais belo ornamento — o homem —, Paulo deixava correr o marfim: na maledicência encontrava o melhor reclame para a sua obra e para a sua inconfundível personalidade. Ninguém perde tempo em atacar valores negativos. E as agressões que gostosamente recebia eram inquestionavelmente o reflexo do seu valor autêntico. Isso, aliás, verificara desde o dia em que ingressou no jornalismo da metrópole, no qual seu formidável talento rapidamente venceu. As cartas anônimas, infalível termômetro a medir o prestígio dos por elas alvejados, choviam sem cessar. Depois apareceram os artigos de publicistas sem leitores, cheios de grosserias e perfídias. Umas e outros, longe de desanimá-lo, serviram-lhe de poderoso estímulo. A sua primeira conferência pública, mirada chacota dos incapazes, marcou o sucesso social primeiro; *Religiões no Rio*[2] veio gritar, em seguida, que no mundo das letras Paulo era bem mais que uma esperança... A inveja, então, cerrou fileiras, a perfídia mostrou os dentes aguçados; a maldade pôs em campo todas as armas... À cainçalha[3] impotente, João do Rio respondia, displicentemente, com o seu sorriso, que tinha a expressão de uma vergastada. Com o sorriso e com as suas gravatas, que valiam como gritos de vitória.

— Esses anões da idéia divertem-me — dizia. — Não sabem escrever, não sabem falar, não sabem vestir. É o nó das minhas gravatas que os deixa tontos...

Na sociedade, no jornalismo, no livro, João do Rio foi um triunfador. A sua morte e o seu enterro o testemunharam; a sua herança literária é prova perene.

Bezerra de Freitas[4] forneceu, agora, oportunidade para o meu depoimento pessoal. O escritor ilustre, destacando de *Dentro da noite*[5] esse conto primoroso que é "O bebê de tartalana rosa", por sua feliz iniciativa e enfeixado em elegante plaquete de 42 páginas, deu-me ontem o infinito prazer de evocar as noites passadas no *Jornal do Commercio* com João do Rio. Reli, comovido, essa jóia, que por si só bastaria para firmar a reputação de um homem de letras. E li, com a mesma emoção, o prefácio que o precedeu. Bezerra de

Freitas conhecia o amigo querido e compreendeu-lhe a obra. O seu estudo é perfeito. Em breves períodos soube traçar magistralmente o perfil literário do burilador da *Mulher e os espelhos*[6]. É o melhor subsídio para quem, de futuro, quiser penetrar conscienciosamente o pensamento e a arte do maravilhoso autor nacional. Penso apenas — e nisto não vai censura — que não destoaria do seu magnífico trabalho a melhor fixação de uma das faces da atividade de Paulo Barreto: a patriótica. E ela não pode ser relegada para plano inferior. Segundo os historiadores e comentadores de memória claudicante, ao inolvidável Olavo Bilac devemos o movimento patriótico que sacudiu o Brasil de norte a sul. Engano. Meu desejo não é desmerecer a campanha salutar levada a efeito pelo verbo empolgante do poeta de *Caçador de esmeraldas*. Não. Meu desejo é tão-somente restabelecer a verdade e render justiça. Bilac, ao iniciar suas conferências e discursos à mocidade, encontrara o terreno excelentemente preparado. Antes dele, Paulo Barreto conversara com essa mesma mocidade, que entusiasticamente o aclamara. Da Faculdade de Direito de São Paulo partiu o primeiro grito de alerta. Esse grito foi de Paulo Barreto. A memorável conferência, que, se não me engano, abre *Sésamo*[7], precedeu de meses os arrebatadores discursos de Bilac aqui realizados. E, de São Paulo, João do Rio voltou à capital do país, incitando os jovens das escolas e das casernas e coroando, assim, sua ação persistentemente desenvolvida na imprensa. Nesta terra em que tudo se esquece, quando se falar nesse simpático período da vida nacional é indispensável ligar os dois nomes egrégios. Os adversários de Paulo Barreto dirão, como já sem fundamento disseram, não ser isso admissível por não possuir o fino ironista de *No tempo de Wenceslau*[8], pelos seus defeitos morais, autoridade para arengar os moços. Não procede a alegação, pois é sabido que essa mesma gente achou no grande Bilac os mesmíssimos defeitos morais mais tarde atribuídos perversamente pela maledicência contumaz ao inesquecível fundador de *A Pátria*[9]. É o que deverá acentuar Bezerra de Freitas no seu lapidar prefácio ao "Bebê de tarlatana rosa". É, porém, como se o tivesse feito, pois exclusivamente a ele se devem as linhas que acabo de traçar...

Oswald de Andrade e Guilherme de Almeida, em 1916.

Dois teatrólogos

Evocar é viver. E quem atinge a casa dos quarenta tem a ânsia de viver. Mais: não perde a oportunidade de gritar, com toda a força dos pulmões, a sua mocidade. Ora, se eu não posso apregoar minha juventude, que meus filhos se incumbiram de desmentir, não me é vedado, sem abusar da paciência dos leitores, manifestar minha ânsia de viver, evocando coisas que, por momentos, me fazem esquecer o tempo sobre elas impiedosamente decorrido. Ainda num dos últimos folhetins transportara-me, a propósito de *Sem rei nem roque*, de Armando Prado[1], ao antigo *O Commercio de S. Paulo*. Por sinal, que involuntariamente omiti o nome do distinto colega Edmundo de Lacerda, depois advogado em Jaú, e que era nosso companheiro estimado, no vibrante matutino. A falta de assunto mais palpitante faz com que, hoje, remoce de muitos anos e recorde a timidez e a inquietude artística de dois talentos então quase ignorados e hoje em evidência nos meios intelectuais de São Paulo e do Brasil: Oswald [de] Andrade e Guilherme de Almeida.

Nós e *Os condenados* estavam ainda por aparecer. Seus autores, entretanto, já revelavam, a medo, seu incontestável valor. Guilherme, sempre retraído, acompanhava Oswald, menos *blagueur* do que hoje, mas com a franca tendência para o barulho... Desde pequenino, o poeta *Pau-Brasil* estava convencido de que, na vida, o reclame é tudo. E dele não abriu mão até hoje, no que andou maravilhosamente.

Era preciso enfrentar o carrancismo paulista, notadamente o literário. E os dois meteram mãos à obra, surgindo, em francês, as comédias *Mon coeur balance* e *Leur âme*[2], que hoje repelem e que eu religiosamente guardo em minha estante como na estante da memória conservo alguns episódios cômicos que as acompanharam...

Escritas as comédias e enfeixadas em elegante volume (entrou aí o dedo de Guilherme), andaram os bisonhos teatristas a distribuí-las aos amigos e à gente da ribalta. Trêmulos, sacavam o livro de debaixo do braço, passando-os às mãos desconfiadas das "vítimas" escolhidas. E ambos, Oswald à frente, passaram a montar guarda, dias seguidos, à porta da antiga Rotisserie[3], à espera do aparecimento de personalidades ilustres para presenteá-las com *Mon coeur balance*... Nessa época estava em São Paulo a bela atriz francesa Juanita de Fredia, que me fora recomendada, com vivo empenho, por João Lage[4], saudoso diretor de *O Paiz*, a cuja redação pertenci durante sete anos como correspondente epistolar de São Paulo. Juanita hospedara-se na Rotisserie. No dia imediato ao de sua chegada, lá fui encontrar, de livro em punho, Oswald e Guilherme. Este, cheio de receio; aquele, mais arrojado, arrastando o companheiro quase com violência. E Juanita, amável, recebeu o volume, correu os olhos pela capa, examinou os ofertantes da cabeça aos pés, agradeceu e sorriu maliciosamente. É que os autores, lá vinha nas primeiras páginas, reservavam para si o direito de tradução e reprodução.

Mon coeur balance e *Leur âme*, entretanto, não circularam apenas entre as pessoas assim pegadas a laço... Absolutamente. Mereceram as honras da leitura em salões elegantes e as do teatro. Sim, do teatro e por intérpretes de fama internacional. Esperem, porém, os leitores pela representação, pois antes dela devem ter notícias das leituras, de uma ao menos, da mais interessante...

Distinto cidadão português, cônsul do seu país em São Paulo, amigo das letras e empenhado em estreitar as relações intelectuais entre os dois países, Brasil e Portugal, convidara os jovens autores para que fossem ler seus trabalhos em sua residência, à rua Olinda, em dia de recepção. Oswald, radiante, venceu a timidez de Guilherme e ambos tomaram rumo da residência consular, onde, tal a ansiedade em divulgar seu primeiro vagido teatral, chegaram com antecipação de uma hora. Antes de entrar, porém, um nervosismo deles se apoderou, fazendo-lhes matar o tempo, na rua, por alguns minutos... Vencida, afinal, a emoção, os escritores bateram e entraram, recebidos pela hostilidade da criada, que, sem a menor cerimônia, os atirou num corredor, apontando-lhes banco de madeira, acostumada, como estava, a acolher imigrantes pedinchões... E para ela os distintos literatos não passavam de emigrados, à espera do visto consular para a repatriação, à custa do governo... Quanto tempo ali permaneceram à espera do cônsul intelectual? Não sei, ao certo. Parece, porém, que não andarei errado afirmando que cerca de uma hora Guilherme e Oswald ficaram esquecidos sobre o banco, tendo diante de si, no chão, pontas de cigarros e

cusparadas, e isso apesar de Oswald dizer, volta e meia, à criada:
— Avise ao cônsul que os autores estão aqui.
Mas a criada ouvia, olhava e não... acreditava.

E no corredor foi encontrá-los, afinal, o cônsul, que para ali se dirigira com o fim único de, peninsularmente, deitar fora o resto do cigarro e um excesso de saliva...
— Olha os autores aqui metidos. Venham para a sala... estamos à sua espera. Vamos, entrem, salve os autores...
E aos berros e aos abraços, o representante do país amigo foi empurrando seus convidados para a sala, apresentando-os, com exclamações exuberantes, aos presentes, que ouviram, talvez sem nada entender, trechos das duas comédias. Os aplausos e os cumprimentos, porém, compensaram fartamente os comediógrafos incipientes da longa espera no corredor sarrento!

A notícia da chegada a São Paulo da companhia francesa dirigida por Lugné Poe[5] alvoroçou Oswald... *Mon coeur balance* havia de ser representado no Municipal por Lugné e por Marthe Regnier[6]. Os dois artistas não se negariam, por certo, a levar à cena trabalho teatral de tanta valia. E, assim pensando, estabeleceu cerrado cerco em torno do homem, empurrando, ao mesmo tempo, o volume a todos os componentes da companhia... E venceu. Cláudio de Souza já não conseguira ver representadas suas peças, escritas em dialeto?
Mon coeur balance chegou, pois, ao Municipal.
— Como?
— No intervalo da comédia que a companhia levava naquela noite...

O pano subiu e Lugné apareceu no palco, trazendo na mão o volume de Oswald e Guilherme, esclarecendo: nunca recusei dar a mão aos que começam. Entendo que os novos devem ser auxiliados e recebidos com simpatia. Este é o meu modo de agir. Jamais deixei de amparar os novos. Ainda agora, ao chegar a São Paulo, fui procurado por dois moços que me pediram representasse uma de suas comédias. Vou atendê-los. Aqui está a comédia (e mostra o livro), vamos iniciar a representação.

Lugné Poe, de um lado, abriu o volume; Marthe Regnier, de outro, fez o mesmo. E andando pelo palco foram lendo páginas de *Mon coeur balance*... Um sucesso! Sucesso pela originalidade da representação; sucesso pelo exórdio de Lugné; sucesso pela cara feia que a francesada, na platéia, fazia ao ouvir o diálogo, aliás bem-feito e em francês nada mau. Os comediógrafos paulistas gostaram, mas não insistiram. Apenas um deles é que continua a escrever em diversas línguas...

Lembrando-se dessa noite trágica, vendo sempre diante de seus olhos a figura irônica de Lugné Poe, ouvindo ainda o eco das suas palavras justificativas da estranha representação — lembrando-se disso tudo é que Oswald, provavelmente uma dezena de anos decorridos, entrou pelo futurismo italiano adentro para depois, repelindo-o, ingressar na Academia *Pau-Brasil*, instituição curiosa que teve o brilhante escritor como fundador, diretor... e único discípulo...

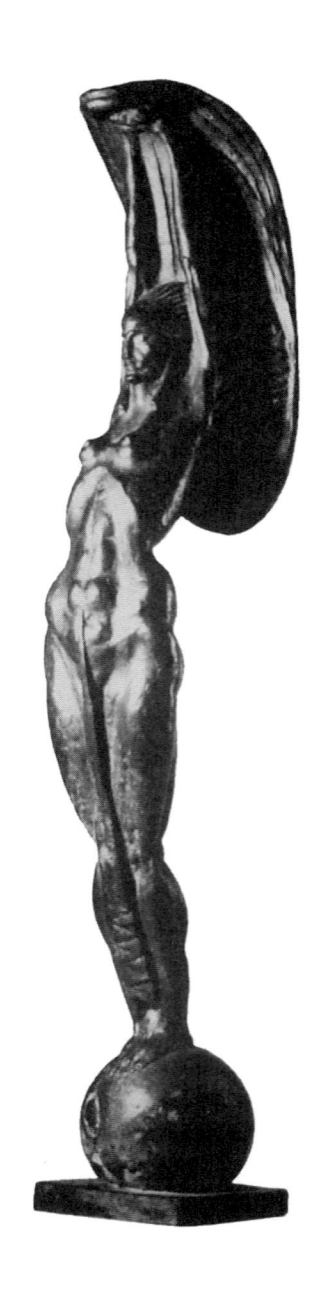

Victor Brecheret, *Vitória*, 1922, bronze. Esta escultura foi apresentada na Semana de Arte Moderna. Pinacoteca do Estado de São Paulo.

Brecheret

Depois de consagrado em Paris, Victor Brecheret[1] veio, em dezembro de 1926, revelar aos paulistas, sempre desconfiados, as "estranhezas" da sua arte. E pela sua mostra desfilou tudo quanto São Paulo possui de culto. Sucesso franco. As palavras de elogio ao escultor patrício sucediam-se umas às outras. Se a *Dançarina* provocava exclamações de entusiasmo, *Ascensão* reclamava palmas e *Ritmo* encômios sem fim. Tudo grandioso, tudo revelando a força, a violência, o arrojo de Brecheret, caboclo nosso que empolgou a austeridade artística francesa.

Não vou aqui detalhar, nem declinar os nomes com que o artista batizou seus notáveis trabalhos expostos. Seria desnecessário e não saberia dizer afinal, exatamente, qual das obras franqueadas à vista pública deve merecer minha preferência. Eu escolheria todas. Diante de cada uma delas passaria, embevecido, horas, dias inteiros.

Essa, aliás, era a impressão que se notava na fisionomia de todos os visitantes, mesmo daqueles que se preparavam para soltar as asas do riso galhofeiro. Esses é que ficaram pasmos. Certos de que passariam alguns minutos a gargalhar, tomaram rumo do salão Brecheret e, ali chegados, o riso não se manifestou. Abriram a boca, sim, mas para confessar sua admiração:

— Isto é lindo!
— É admirável!
— Fomos iludidos!...

E o foram, efetivamente. Afirmava-se, por aí, que Brecheret era modernista, que a sua escultura era visceralmente modernista, que fora o escultor "orientado pela meninada modernista de São Paulo". Nada de mais inexato. Pergunte a Brecheret alguma coisa sobre a "escola da meninada" e ele não saberá dizer, ainda hoje, tanto tempo decorrido, duas frases a respeito... A sua arte é milenária. É tão velha quanto o faraó cujo esquife foi, não faz muito, posto à luz do sol... Brecheret é estatuário assírio, mas assírio que sabe estilizar com vigor novo. Nada aprendeu com a "meninada". Antes do aparecimento desta, já Brecheret existia; a sua personalidade já estava formada. As suas primeiras figuras denunciavam, há anos, o artista de hoje. E quando a célebre "Semana de Arte Moderna" desopilou o fígado paulista, Brecheret já havia exposto, sem rótulos reveladores de escolas, trabalhos que impressionaram pela audácia das linhas e das concepções.

Os chamados renovadores de São Paulo foram descobri-lo em Paris. O primeiro a fazer-lhe o reclame escrito foi o brilhante Paulo Prado, em artigo no *Estado de S. Paulo*[2]. Foi na capital francesa que o elegante e erudito autor de *Paulística* enxergou esse gênio moderno... Pois eu já o havia descoberto sem sair de São Paulo, quando a teimosia ambiente tentava negar-lhe o valor, sendo que a minha ação pessoal concorreu, em grande parte, para o então governador da cidade, dr. Firmiano Pinto[3], adquirir sua *Eva*, hoje na esplanada do Anhangabaú. Não é meu intuito relembrar, agora, pequeno serviço prestado ao escultor no momento em que os célebres inovadores estavam por surgir. Relembrei o fato apenas para acentuar que, se Brecheret estivesse, efetivamente, filiado à "escola" da "meninada", não contaria com o meu desvalioso apoio... E isso porque seus trabalhos seriam forçosamente semelhantes aos esparramados na tela pelo sr. Lasar Segall ou aos de outros "artistas" menos gritantes, mas da mesma força...

Victor Brecheret não está filiado a escolas. Brecheret é Brecheret. Inconfundível. Brecheret é um selvagem que tem agachado dentro do seu "eu" um gênio. Gênio que desperta sempre que o selvagem põe as mãos no barro para modelar suas figuras. Nessa ocasião o escultor como que cai em transe e o fluido que se esvai pelas extremidades dos dedos nervosos realiza obras maravilhosas como as que foram expostas. Brecheret, e esta é a opinião muito minha, opinião que manterei mesmo que o escultor ilustre afirme o contrário, não será capaz de executar trabalho encomendado. Ao esboçar uma *Bailarina* não saberá dizer, com segurança, que vai esboçar uma *Bailarina*... Absolutamente! Em estado de transe, obedecendo às ordens do gênio que se agacha no seu "eu", vão as suas mãos amassando o barro obediente à sua pressão, e quando o trabalho está milagrosamente concluído, somente então é pelo artista batizado. E é exatamente por isso que Victor Brecheret é genial.

Assim nasceu a monumental *Porteuse de parfum*[4], cujo original foi oferecido ao Estado; assim nasceu essa *Diana* deliciosa; assim nasceram todas as suas estátuas. Para alguém poder julgar a obra magistral de Brecheret deve, antes de tudo, conhecer o autor. É preciso ter com ele conversado algumas horas para chegar-se à conclusão de que esse artista excepcional não se filiou a escola alguma, que não obedeceu à orientação de "meninadas", que não obedecerá à orientação de ninguém, a não ser ao gênio que dele não se separa nunca.

Eu disse o meu franco modo de pensar acerca de Brecheret e de sua escultura. Elogiei um e outra. Não seria sincero, porém, se deixasse de fazer alguns reparos, que afinal não o diminuem. A sua exposição, apesar de brilhante, é algo monótona. É muito igual. O artista repete-se. *Banhista*, mármore de impressionante beleza, posta de pé, seria *Porteuse de parfum*; recurva, seria *Ritmo*; de joelhos, seria *Amazona*. A estilização é idêntica, ou quase. As cabeças femininas de Brecheret são todas iguais. A mulher japonesa deve torturar o gênio que acompanha o escultor. E nos mármores do artista patrício as cabeças orientais são realmente lindas... Em rigor, isso não é defeito. O escultor poderá repetir-se em mil mármores diferentes e nem por isso deixará de ser grande.

MÁRIO GUASTINI

TEMPOS
IDOS E VIVIDOS

Editora Universitária
São Paulo

Reprodução da capa de *Tempos idos e vividos*
(São Paulo, Universitária, 1944).

Noitada de jornalistas

A profissão de jornalista altera, ou pelo menos alterava quando nela me iniciei, a vida de quem a exerce. Não se pode organizar horário nem assumir compromissos. As refeições se fazem quando o tempo o permitir, assim acontecendo com o repouso. Ao ingressar na imprensa, não existiam ainda as agências telegráficas. Melhor, a única instalada no Brasil era a Havas[1], com sede no Rio, dirigida pelo poeta Alberto Ramos[2]. Dependiam, pois, os jornais do telégrafo nacional, cujo funcionamento preparava, na época, surpresas desagradáveis com irritante freqüência. Graças a isso, as redações encerravam seu expediente sempre depois das quatro horas da manhã. Do jornal rumávamos para o bife ou para os ovos, a cavalo no presunto. Estes se encontravam mais à mão na praça Antonio Prado, no *Café Central*, de Antonio Cardoso, grande amigo da gente da imprensa. Quanto ao bife, ou outros pratos mais extravagantes, não havia maiores dificuldades. Era só escolher: o Petrópolis e o Fernandes — cuja esposa, dona Patrocínia, era perfeita no chamado molho de ferrugem que acompanhava rico pedaço de lagarto de vitela assado — à avenida São João; o Periquito e o Carlino[3] no largo Paissandu; o Pierrot no canto da rua 24 de Maio; o Spadoni[4], então modesto, para não citar outros muitos em pontos mais afastados. Os jornalistas, fossem quais fossem as divergências, a diferença de idade ou a importância, constituíam uma só família que nesses restaurantes ou cafés noturnos se reunia, regularmente, todas as madrugadas. Nestor Rangel Pestana[5], austero e grave, também comparecia. Não será preciso esclarecer que a ceia, para nós primeiro almoço, levava sempre umas duas horas. Em conseqüência, chegava-se em casa depois do padeiro e do leiteiro. Os casados com senhoras ciumentas passavam momentos apertados, de vez que nessas noitadas honestas sempre elas enxergavam um rabo de saia...

Dentre os companheiros, um deles o saudoso Joaquim Morse[6] à frente, passavam pelo mercado, ali fazendo compras que levavam orgulhosamente para casa, capacitados de que com isso fariam jus ao título de "marido exemplar". O diabo é que, de maneira geral, quanto adquiriam, a esposa comprava, na porta, por preços bem inferiores. E disso surgia a clássica lamentação:

— A gente passa a noite em claro, vai ao mercado, faz compras e, como agradecimento, encontra cara amarrada e palavras de reprovação...

— Deixe-se disso: venha deitar mais cedo e não compre mais nada. Onde se viu pagar abobrinha a mil réis e abacaxi a três mil réis?

Suspendiam-se, por algum tempo, as visitas ao mercado, mas a hora de dormir não sofria alterações.

De uma feita, véspera de eleições estaduais, quando o saudoso mestre e amigo Manoel Pedro Villaboim[7], pela primeira vez, se apresentou extrachapa à deputação, fomos com o Morse e mais o Francisco Manso da Lança Cordeiro, o "Chico Manso", como todos tratávamos esse português inteligente, vivo e amigo, ao Periquito. Antecipamos a ceia para podermos recolher mais cedo, de vez que o pleito reclamava nossa presença logo à hora da instalação das mesas. Seriam as três da manhã. Indagamos o que nos poderiam servir:

— Temos a feijoada para o almoço e já está pronta — aventurou o José Lopes.

O Morse, sempre jovial e folgazão, não teve hesitações:

— Venha a feijoada.

Chico Manso discordou. Preferiu churrasco, com farofa à brasileira. Era o seu prato predileto. E demos conta, brilhantemente, dessa leve refeição. Afinal, às quatro e meia horas saímos. Uma vez à porta do restaurante, ponderou o Morse:

— Agora não poderemos ir para a cama. Melhor será tomarmos um automóvel e dar um giro. A sugestão foi recebida com agrado. Para onde iríamos?

— Vamos fazer o "circuito de Itapecerica".

Aprovado. E iniciamos a excursão digestiva. O "circuito de Itapecerica" era constituído por estrada circular antes percorrida por amadores automobilistas numa competição movimentada da qual saiu vencedor meu amigo conde Sílvio Penteado[8], dirigindo, se não me falha a memória, auto de fabricação italiana. A madrugada estava agradável e o nosso passeio parecia ser esplêndido. A meio do caminho, entretanto, topamos com uma boiada que marchava a passo, levantando densas nuvens de poeira. Não havia outra saída. Nosso destino era acompanhá-la e engolir pó. Paramos. O dia já clareava. Nisso surgiu uma rapariga carregando um latão de leite. Era cru? Sim. Leite cru, explicou o Morse, faz bem depois do que comemos. Entramos, pois, no leite. Retomando a marcha, verificamos que a boiada não nos permitiria passar. Foi ainda o Morse a sugerir alteração, logo aprovada. Desviaríamos tomando o rumo da Chácara do Marengo, onde chuparíamos uvas. Seguimos. Demos conta de alguns quilos de niagara. Compramos ainda alguns quilos para casa. Regressamos, chegando à rua Quinze de Novembro às dez horas. "Precisamos, agora, consertar o estômago", sugeriu Chico Manso. Entramos na antiga e elegante Progredior[9], pedindo água tônica. Por esse tempo, ainda não existia a da Antártica. Era de procedência italiana e vinha em garrafas grandes e bojudas como as de champanhe. Morse residia à rua Tabatingüera e eu, à rua 11 de Agosto. O caminho era o mesmo, até certa altura. Cada um de nós levava seu pacote de uvas. Ao atingirmos o canto da rua Santa Tereza, demos com meu pai. Habitualmente saía ele depois do almoço. Estranhei vê-lo em hora tão matinal. Indaguei se havia acontecido algo de novo:

— Nada. Ia à sua procura, pois sua mulher está inquieta.

— Também não me aconteceu coisa alguma. Fui aqui, com o Morse, comprar uvas no Marengo...

Escusado será dizer que as uvas não tiveram boa acolhida. Em casa do Morse também não. Dona Henriette, excelente e distinta senhora, já falecida, tinha muito ciúme do marido, que aliás era ótimo e carinhoso chefe de família. Deve ter ela imaginado coisas horríveis, de vez que uma esposa, por mais inteligente e compreensiva que seja, não acreditará nunca possa o marido passar a noite toda e uma parte da manhã fora do lar sem dar uma escorregadela, ou um arranhão na fidelidade conjugal. Pois o que fizemos foi exatamente quanto relatei. Voltamos para casa tão castos como dela saímos. Apesar disso, decorridos uns trinta anos, de quando em vez ouço este comentário:

— Mas naquele dia das uvas a vossa farra foi das grossas...

Agora apreciem os confrades mais modernos como se trabalhava em jornal há seis lustros. Chegado em casa às onze da manhã, fiz a barba, tomei um bom banho quente, vesti-me, ingeri uma fatia de carne fria, acompanhada de uma xícara de café, e rumei para o jornal onde trabalhei, sem parar, do meiodia às quatro da madrugada, depois de conhecidos os resultados das eleições, já com a vitória do nosso Villaboim. E para não perder o hábito, fomos para o bife costumeiro. Quanto percebia, então, um redator da categoria? Quatrocentos e cinqüenta mil réis. E um secretário? De seiscentos a oitocentos mil. Em troca disso, dávamos ao jornal toda a nossa atividade.

Acidente de bonde, linha Casa Verde-Largo de São Bento (cerca de 1930).

Reportagens

Todo jornalista deve ter alma de repórter. Foi a reportagem completa, honesta, criteriosa e bem movimentada a dar sempre vida aos jornais, grandes ou pequenos, nacionais ou estrangeiros. Em Roma, por exemplo, ao tempo em que o fascismo não havia asfixiado a península — hoje felizmente dele liberta —, o órgão de maior tiragem, o que possuía seis rotativas funcionando à mesma hora para atender, prontamente, seu público, se impusera pelo desenvolvimento dado à reportagem, notadamente ao fato policial. Outro grande jornal da península, este em Milão, alcançara conceito e tiragens fabulosas graças a reportagens telegráficas, vazadas em estilo literário magnífico, de Luiz Barzini[1], no momento decadente e senador. Um seu filho, entretanto, procura manter as tradições paternas. Em Paris, as edições tanto do *Matin*[2] como do *Figaro*[3] atingiram milhões de exemplares, também graças à sua reportagem. Menos amplas que as folhas italianas, mas sempre interessantes e avidamente lidas. O *Excelsior*[4], sóbrio no texto, impunha-se pela reportagem fotográfica. Páginas inteiras ilustradas, todos os dias, a focalizar fatos locais ou ocorridos no exterior. Da imprensa americana nem é bom falar. Nela o repórter ocupa lugar de maior destaque, sendo mais disputado e reverenciado até que o redator político. A parte informativa, inegavelmente, é a que chama e prende o público. Cada jornal deve, porém, possuir serviço próprio, exclusivo, dando-lhe feição original. O noticiário circular não interessa. Torna-se monótono. Desde a primeira linha sente-se que funcionou o papel carbono. Ora, exatamente nos períodos anormais, como os decorrentes do estado de guerra, quando não se podem abordar determinados assuntos, é que à parte informativa deve ser dada maior expansão, interessando o leitor no fato do dia, mesmo numa pedrada ocasionadora de pequena contusão, à falta de ocorrência de maior importância. Desenvolver o noticiário, entretanto, não quer dizer armar o escândalo nem apelar para títulos garrafais que podem exercer influência psicológica na grande massa, mas acaba desgostando-a por não estar o texto à altura dos tipos gritantes escolhidos para apresentá-lo.

Nesta altura, não resisto a uma pergunta, que não deve ser mal interpretada pelos confrades: haverá ainda repórteres? De certo que sim, mas poucos. A meu ver, o decorrer do tempo apagou o entusiasmo da gente a que no jornal deve caber tão importante função. Os profissionais da imprensa de hoje – e no seu seio encontram-se figuras notáveis, escritores festejados e brilhantes novelistas, poetas e comentaristas – não possuem alma de repórter. A maioria limita-se a determinada tarefa, enquadrada, quase sempre, sua atividade ao pouco que percebem. E os homens de imprensa no Brasil, de maneira geral, foram, sempre, lamentavelmente pagos. Ainda não se deu, entre nós, valor ao trabalho intelectual. Não resta dúvida, porém, que se contam inúmeros operários do jornal a dar à sua folha muito, muitíssimo mais daquilo que o vencimento e o tempo despendido merecem. O que concorreu poderosamente para a situação atual foi, sem dúvida, a especialização. Cada um faz, digamos, a nota econômica, a de música, ou o comentário em torno deste ou daquele assunto em que mais se aprofundou. Fora disso, nem uma linha a mais. É possível que isso esteja certo. Não desejo discutir, mas isso não sucedia há trinta anos passados, quando o homem de imprensa devia ser enciclopédico.

Eu venho do tempo mais distante, quando os jornais não se apresentavam tão movimentados, mas nem por isso deixavam de ser interessantes e muito lidos. Bastará dizer que alcancei o *Estado* na época em que suas edições não iam além das oito páginas, com onze estreitíssimas colunas. Oito páginas, bem entendido, nos dias de gala. Seis é que constituíam a média! E era na reportagem que se apoiavam tanto os jornais paulistas como os do Rio. Em nossa capital, o primeiro matutino a divulgar o clichê foi o desaparecido *O Commercio de S. Paulo*. Trouxe a inovação, de Paris, José Maria dos Santos. E continuou esse prestigioso órgão a ser o único, durante largo tempo, a ilustrar seu noticiário, notadamente as ocorrências policiais. Os outros vieram depois. Fui repórter nessa quadra distante e, desculpem a imodéstia, não dos piores. Meu padrinho, Hormisdas Silva, e meu companheiro, Afonso Schmidt[5], poderiam dizer alguma coisa... Este último publicava exatamente em *O Commercio*, em dezembro de 1908, seu primeiro soneto, "Janelas abertas", ilustrado por Bento Barbosa. E fui sempre, acima de tudo, como hoje, repórter.

O noticiário, no nosso tempo, não saía da mesma matriz: era, como hoje se diz expressivamente, "cavado no duro". Com o Hormisdas, o Plínio, o Molina, o Gonzaga e o Piza corríamos os diferentes postos policiais, incumbindo-se um de nós na Central. Colhíamos e trocávamos dados. Depois, cada um dava à notícia a forma que melhor entendesse de acordo com a importância que lhe atribuísse. Quando se registrava crime ou acidente, como dizíamos, de "primeira classe", não havia combinação. Corríamos ao local, ouvíamos testemunhas presenciais, interpelávamos, quando possível, a vítima, o criminoso, acompanhando o inquérito até o final e, não raro, até o sumário e julgamento, como por exemplo no célebre "crime da mala"[6]. Não contávamos de início, como contaram depois os nossos sucessores, com a cooperação da Assistência Policial — a cuja instalação assistimos e para seu bom funcionamento cooperamos ao tempo de Rudge Ramos[7] —, nem com o Gabinete de Investigações e Capturas — hoje completamente reorganizado e com atividades ampliadas. Nunca abandonávamos as delegacias. Trabalhávamos incessantemente e com devotamento. Tínhamos gosto pela coisa e ficávamos acabrunhados quando não podíamos aparecer na redação com farto material, para encher uma página ou, ao menos, uns dois pares de colunas. E dias houve em que em terra paulista não se registrou um fato policial sequer! Nessas ocasiões, reunidos na Central, permanecíamos até tarde quase sem coragem para dizer ao secretário da redação que nem com uma simples linha poderíamos contribuir naquela noite.

Tirou-nos, certa vez, do embaraço, o falecido médico legista Archer de Castilho, com a cumplicidade amiga de Augusto Leite, segundo delegado auxiliar. Sugeriu o legista idéia ótima, sem comprometer, entretanto, quem quer que fosse. Aceitamos gostosamente a sugestão e fomos tomando nota. Numa casa, sem número, da rua Turiassu, no bairro das Perdizes, por esse tempo descampado e distante do centro, a esposa de um pintor teria dado ao marido um filho, nascido a termo, mas morto. Falecido ao nascer, por asfixia. Enrolara-se-lhe o cordão umbilical no pescoço, estrangulando-o. Até aí, nada de mais. Um caso triste como tantos outros, diariamente verificados. A curiosidade residia na barba. Sim: o pequeno morto apresentava imponente barba andó. E a notícia correu o mundo, reproduzida, como foi, em todos os jornais do estado e do Brasil, e até em revistas médicas... À reportagem alguns deram este título: "Feto barbado!".

De outra feita, também com a cumplicidade amável de Augusto Leite e do médico legista de plantão, não me recordo, agora, qual deles, se o sempre querido e lembrado Honório Líbero, "o velho Honório", ou o não menos querido Marcondes Machado — o "tio Maneco" —, como os tratávamos. A coisa foi mais séria. Pela rua da Mooca, em pleno dia, vinha descendo senhora, acompanhada de sua filha, uma garota de dez ou doze anos. Brincando com o chamado *diavolô*[8], a menina, apesar das repetidas advertências da progenitora, foi se distanciando cada vez mais, chegando a atravessar a rua. Nesse momento foi atropelada por uma carroça. A pobre senhora, alucinada, correu e atirou-se, aos gritos, aos arreios de um dos animais, procurando paralisar o veículo. O cocheiro, apavorado, fazia estalar o chicote, a ver se acelerava a marcha. A infeliz senhora ia sendo arrastada quando, de súbito, um oficial de justiça, de nome desconhecido, de faca em punho, subiu à boléia e ameaçou o cocheiro que, afinal, resolveu parar. No fim, grande susto e apenas escoriações de somenos importância. Esse, o fato imaginado. Em torno dele, cada um de nós teceu o seu romance, que algo encerrava de instrutivo, de vez que se apontavam as conseqüências graves a que se expunham os menores que não seguissem, à risca, o conselho dos pais, ressaltando-se o perigo a que todos os transeuntes estão sujeitos, desde que abandonem os passeios para andar pelo leito das ruas. Dos companheiros, penso ter sido eu quem maior desenvolvimento deu ao "sucedido". Enchi quatro ou cinco colunas. De maneira geral, os vespertinos, por esse tempo, aproveitavam e completavam o noticiário dos matutinos. Dentre eles circulava *La Tribuna Italiana*[9]. Verteu essa folha da tarde, para o italiano, toda a minha notícia, ampliando-a mais ainda. Ocupou página compacta com ótima novela, dando-lhe por título geral: *L'eroismo d'una madre!* Para quem conhecia a história, foi um verdadeiro sucesso. Certo é, porém, que nesse dia, a venda avulsa de todos os jornais aumentou de alguns milheiros de exemplares.

Narrei os dois episódios apenas para demonstrar o empenho com que os repórteres de então trabalhavam. Chegavam a inventar, para apresentar serviço e manter público constante para o seu jornal. Há 38 anos, também, não havia especializados. Salvo raras exceções, desde o diretor ao mais modesto repórter, éramos todos "pau para qualquer obra". Júlio Mesquita, por exemplo, por mais de uma vez se incumbiu, no *Estado*, de fazer a "cabeça" de fatos policiais, os de maior relevância. E a começar pelo diretor mais ilustre e sisudo, todos éramos repórteres. E o repórter, para a grande massa, era um ser privilegiado. Quando ele surgia "no local do crime" ou numa reunião, o povo abria alas, apontando-o com o dedo: "o repórter é aquele ali, de papel na mão. Vamos ver o que ele descobre". As comadres, então, não resistiam: aproximavam-se, falavam, informavam, desciam aos mínimos detalhes. E eram elas, afinal, a descobrir tudo, mesmo aquilo que devia continuar coberto...

Carta de Mário de Andrade

Divulguei pelo *Estado de S. Paulo* uma carta do alto espírito de Paulo Prado. E causou verdadeiro sucesso nas nossas rodas intelectuais, tão grande foi a influência exercida pelo saudoso missivista nos meios literários nacionais. E como o inconfundível escritor de *Retrato do Brasil* dissesse que pediria a Mário de Andrade — papa dos modernistas — tomasse a si o encargo de batizar-me "futurista", coisa que se não verificou, perguntaram-me se o poeta de *Paulicéia desvairada*, em matéria de escolas, acompanhava Paulo Prado, e se eu acaso possuía documentação reveladora dessa comunhão de idéias.

Não me podia, assim, furtar à resposta. Sim: Paulo e Mário de Andrade pensavam da mesmíssima maneira. A carta que a seguir reproduzo é prova tangível:

São Paulo, 7-XI-1926. No fundo tem isto de muito engraçado: que estamos todos bem de acordo os modernistas e você que malhou neles sem parada. Recebi *A hora futurista que passou*. Agradeço o presente e a hora de bom humor que você fez eu passar. Livro de marcha esquipada, trote largo no estradão útil da gente se divertir pensamenteando. Ora, vamos e venhamos: não foi isso que a gente fez quando desfraldou e andou passeando na saraivada a bandeira de Modernismo? Foi sim. Castigar-se rindo não é sempre o jeito melhor da gente não cair na esparrela? É. Você afirma que não caiu. Nós idem. No fundo estamos bem de acordo, Mário Guastini. O seu livro não pode ficar como história do movimento inicial dessa renovação que por tão variada e escorregadia teve mais nomes que um reizinho nascendo. Porém, *A hora futurista que passou* é história fiel do movimento refletido em você. Num país em cuja arte o mais importante de se combater era o Academismo e a hipocrisia pedante de escrever chique, a gente não podia seguir bobamente os ismos europeus. Por isso é que, cada um do seu jeito, o que fizemos foi apenas largar a rédea da sinceridade e chicote nela desenfreadamente através da imbecilidade e dos castelos de cartas. Você também. A imbecilidade que acreditou que a gente ofendia os "Mestres do passado" também acredita que agora você matou duma vez o nosso movimento. E você ainda ajudou no mais a gente a derrubar os castelos de cartas. No fundo estamos bem de acordo, eu não falei? E ainda tem mais isto de acordo entre você e a gente: nós nos revoltamos contra a Literatura no sentido oficial e brasileiro da palavra. Pois então você não fez o mesmo com um livro em que tem uma ausência sistemática de literatura? Fez sim. E da mesma forma com que pela liberdade alcançada e até abuso repreensível dela a gente demonstrou que era possível viver gostando e se rindo neste país, o livro de você demonstra um homem que sabe viver bem, possui saúde, possui força e inteligência sutil de embaralhar bem as cartas do baralho. Pro jogador bom não interessa fazer maço não. Porque então ele ganha com facilidade, rouba e não crê em si. O interessante, o corajoso é aceitar as cartas como elas venham. Então se a gente ganha que satisfa tem no coração! Você é jogador bom. Inda embaralhou mais as cartas que embaralhamos. Agora estamos cada um com nove cartas na mão, na mesa se virou um, ponhamos uma dama de copas, de *coeur*[1], como falam simbolicamente os marabás. A partida de cuncan[2] principiou. Ganhar não sei se a gente ganha ou se você perde. Mas eu pessoalmente só tenho a agradecer a lealdade e a sorte das cartas boas que você me deu. (a) Mário de Andrade.

Como se vê, Mário de Andrade, por outras palavras, e em outro estilo, disse a mesma coisa expressa por Paulo Prado. E com esta particularidade: Mário não conhecia o que Paulo escreveu, pois sua carta se conservou inédita até recente publicação.

Valdomiro da Silveira (s. d.).

Valdomiro Silveira

O *Commercio de S. Paulo*, na sua última fase monarquista, dirigido por Armando Prado e Plínio Barreto[1], era um dos matutinos mais interessantes e movimentados de São Paulo. Suas instalações funcionavam à rua de São Bento, antigo número 33, em velho prédio. Os altos eram ocupados por uns alfaiates. O jornal tomava todo o pavimento térreo, cujo acesso era permitido por uma única porta, muito larga. Na ordem de entrada funcionavam, separados por divisões de madeira, o balcão, o escritório, a sala da redação, a revisão e as oficinas. Sua máquina de impressão dava, no máximo, edições de oito páginas. Pequena e bem conservada, jamais proporcionou contrariedades. Ainda agora, após tantos anos de trabalho ininterrupto, anda por aí, desempenhando-se da tarefa com o brilho de sempre. Chefiava a revisão Aristóteles de Oliveira Brandão, companheiro boníssimo, culto e inteligente. Morreu, faz anos, em sua terra, Conceição do Serro, em Minas. Por esse tempo cursava ele a Faculdade de Direito, interrompendo os estudos quando ainda no segundo ano. Na redação, éramos dirigidos por Plínio e Armando, e contávamos companheiros como João Lúcio, então poeta das "Lápides" e depois romancista de renome. Vive, felizmente, em Minas. Pertenciam ao grupo Carlitos Bolívar, Marrey Júnior, Carlos Brandão, Aristides Lopes e Ferreira da Palma. Juvelino Lopes ocupava a gerência. Dirigia as oficinas o rotundo José Cupertino, de epiderme negra e de alma branca. O remessista chefe era o italiano Alexandre. A turma toda das oficinas tipográficas e das máquinas vinha dos tempos do Eduardo Prado. Reporto-me ao ano de 1905.

O corpo de colaboradores de *O Commercio de S. Paulo* era dos mais brilhantes. Martim Francisco, Andrade Figueira, Afonso Celso, Cândido de Oliveira, João Alfredo, Rafael Correia da Silva, Penaforte Mendes de Almeida, Valdomiro Silveira[2], Amadeu Amaral, Adalgiso Pereira, Roberto Moreira, Armando Rodrigues, além de muitos outros, cujos nomes agora não me ocorrem. É fora de dúvida, porém, que, pela verve e pelo inesperado, os artigos de Martim Francisco eram dos que mais se destacavam. O ilustre Andrada tratava dos mais variados assuntos, interessando, por isso, todos os leitores da folha. Era desabusado e irresistível nas suas impertinências. Graça espontânea, perversidade arrasadora. Ninguém, entretanto, se magoava. Martim Francisco gozava da liberdade de dizer o que bem entendesse. Apenas uma vez um homem de espírito não gostou das pilhérias de Martim: Clímaco Barbosa. Perdeu as estribeiras, agredindo fisicamente o jornalista irreverente. No dia seguinte, entretanto, veio Martim Francisco a público com o artigo que deu por título: "Castiguei o covarde!". E todos convencidos ficaram de que quem apanhara fora mesmo Clímaco Barbosa...

Foi em 1905 que conheci melhor Valdomiro Silveira, numa convivência diária de meses a fio. E essas nossas boas relações deviam continuar inalteradas até o seu desaparecimento, como continuaram com Alarico, Breno, João Silveira Júnior e com o meu velho, querido e valoroso companheiro Agenor Silveira. Valdomiro era um temperamento amável e comunicativo. Isso apenas quando na roda de íntimos. Com pessoas menos conhecidas era polido, mas não se expandia muito. Foi pelas colunas de *O Commercio de S. Paulo* que mais se projetou, embora por essa época já fosse considerado um dos nossos mais ilustres e prestigiosos escritores regionalistas. Seus contos eram verdadeiras jóias literárias. Quem o lesse poderia supor que seus trabalhos fossem frutos de prolongadas horas de meditação, no silêncio do gabinete, entre muitos dicionários.

Puro engano! Valdomiro era, não há dúvida, cuidadoso no escrever. Seus períodos sempre perfeitos e límpidos. Não carecia, entretanto, de isolamento nem de silêncio para produzir páginas cintilantes. Sou testemunha, e comigo os companheiros dessa época distante, da sua maneira de trabalhar. No seu dia, chegava à redação à tarde, apanhava papel entre uma fumarada e outra e dois dedos de prosa com os que aparecessem por lá, enchia tantos linguados de papel para renderem, em composição, rodapé de um palmo de altura. Original limpo, sem palavras riscadas ou substituídas por outras. Pareciam suas laudas mais uma cópia cuidada, do que original direto. Contando-se o tempo, talvez não chegasse a esgotar uma hora. Prodigioso! Concluído o trabalho, ainda ficava a prosar com a gente, contando, não de raro, umas piadas pudicas, embora gostasse, às vezes, de ouvir outras meio despidas. Assim como escrevia o conto regional, produzia a crônica brilhante em torno do fato da semana, assinando-a com pseudônimo francês que tanta irritação causava a um "sapo" indefectível, o coronel Gaudêncio de Quadros. Este não tolerava que contando o *Commercio* um colaborador ilustre e interessante como Valdomiro Silveira, publicasse "borracheiras" de francês que ninguém conhecia... E, além da crônica, todas as semanas aparecia escondido atrás de "Florido", o palmo de prosa encantadora de "Ao Deus dará"...

Esse era o Valdomiro Silveira que eu conheci. Companheiro ótimo. Amigo devotado. Caráter perfeito. Inteligência invulgar. Os seus amigos, fosse para o que fosse, podiam bater no ferrolho, na certeza de que sempre o encontrariam em casa. E assim se conservou pelo tempo afora. Envolvido pela política, feito deputado e depois secretário da Justiça, não sofreu modificações. Mostrava-se como sempre fora. E quando alguém lhe dava o tratamento de "Excelência", procurava com o olhar a ver onde a "excelência" se encontrava, pois não admitia pudesse ser ele. Entre os grandes escritores brasileiros Valdomiro Silveira ocupou, inegavelmente, o lugar do mais remarcado destaque. Seu perfil ainda não foi traçado. Aparecerá, por certo, um dia. Então, o autor de *Mixuangos* surgirá grande, como era e ainda não o apresentaram.

Piolin

Esta abertura de coluna já foi dedicada, por Afonso Schmidt, a Piolin[1], no século Abelardo Pinto – nome austero de burguês apatacado. Piolin, embora moço, é uma velha tradição da cidade. É o palhaço mais conceituado e conhecido. Não se popularizou apenas pelo colarinho descomunal, mas também pela urdidura de suas pantomimas e pela graça em representar. Certo dia, entretanto, sofreu ele a influência dos então chamados futuristas, e que depois se disseram apenas modernistas. Deram por achar Piolin genial. Seu lugar não podia ser no circo, reservado apenas aos palhaços de bitola estreita e sem faísca. Em plena representação, uma noite a turma dos inovadores levou-lhe, para aplaudi-lo, Marinetti (Filippo Tommaso), chefe vaiadíssimo do futurismo italiano. E Marinetti concordou com os cicerones paulistas: realmente, Piolin era o maior palhaço do mundo. Aquilo, sim, que era arte, e o resto não passava de conversa fiada. E deram-lhe o cerco, tirando-o do circo para apresentar-se no palco dos teatros, o único lugar onde a sua arte devia aparecer. E tanto fizeram, tanto insisti-

ram, que, afinal, Piolin, homem de boa-fé e estribado nos re-
tumbantes sucessos alcançados no circo onde fizera e conquistara a alma popular, meteu-se no teatro. Não permaneceu
muito nele, entretanto. Convenceu-se, sem mais ouvir opiniões,
de que seu lugar era mesmo aquele onde conquistara popula-
ridade e simpatias. Não sei qual, hoje, seu modo de pensar
acerca do futurismo. Certo é que voltou para o circo amigo,
colhendo aplausos e vantagens não encontrados no teatro. E
trabalha com o espírito de sempre, despertando o riso franco e
aberto de crianças e velhos. Seu temporário afastamento talvez muito o prejudicasse. Não tardou, todavia, a reconquistar
as antigas simpatias e as palmas espontâneas. Hoje é ele o
Piolin de sempre, estimado e vitorioso. É preciso, porém, que
não apareçam outros inovadores para fazê-lo mudar de rumo...

Notas

A hora futurista que passou

Prefácio

[1] Filippo Tommaso Emilio Marinetti (1876-1944) licenciou-se em Direito pela Universidade de Gênova. Publicou livros de poemas escritos em francês, nos quais utilizava o verso livre e uma poética calcada nas composições de Gabriele d'Annunzio. Seu poema "Les vieux marins" (Os velhos marinheiros) foi celebrado e divulgado por Catulle Mendès e Gustave Kahn. Em 1898 Marinetti começou a publicar poemas simbolistas em diversas revistas. Publicou no diário francês *Le Figaro* o "Manifesto do Futurismo" (1909), em que inaugurava oficialmente o Movimento Futurista e expunha a necessidade de abandonar as velhas fórmulas e criar uma arte livre e anárquica, capaz de expressar o dinamismo e a energia da moderna sociedade industrial. Desenvolveu a literatura futurista em numerosos ensaios e poemas, no romance *Mafarka, o futurista* (1910), e em obras teatrais de caráter experimental, como *Zang Tumb Tumb* (1914). Em *Guerra, única higiene do mundo* (1915), defendeu a intervenção italiana na Primeira Guerra Mundial. Tornou-se ativo militante fascista e, em *Futurismo e fascismo* (1924), chegou a afirmar que a ideologia fascista representava uma extensão natural das idéias futuristas. Foi membro da Academia da Itália, fundada pelos fascistas, e converteu-se em poeta oficial do regime de Mussolini.

[2] Martin Egídio Lamy (1890-1963), formado em Direito pela Faculdade de São Paulo, exerceu atividade jornalística e dedicou-se ao magistério público.

[3] Antonio Castilho de Alcântara Machado de Oliveira (1901-1935) formou-se em Direito pela Faculdade de São Paulo e exerceu intensa atividade jornalística: dirigiu o *Diário da Noite* (RJ) e foi redator e chefe de redação do *Jornal do Commercio* (SP), bem como de diversas revistas modernistas, como *Terra Roxa e Outras Terras*, *Revista de Antropofagia* e *Revista Nova*. Em sua obra destacam-se a trilogia *Pathé-Baby* (1926), *Brás, Bexiga e Barra Funda* (1927) e *Laranja da China* (1928).

Paralisia geral

[1] Trata-se dos dois primeiros parágrafos do "Manifesto da Poesia Pau-Brasil", de Oswald de Andrade, publicado no jornal *Correio da Manhã* (RJ), em 18/3/1924.

[2] Em 18 de maio de 1898, na Vila Juqueri (hoje município de Franco da Rocha, SP), era inaugurado o maior hospital psiquiátrico do Brasil, projetado pelo arquiteto Ramos de Azevedo. A colônia agrícola do Juqueri abrigava os mais diversos tipos de excluídos da sociedade: eram inicialmente oitenta pessoas, entre mendigos, marginais, negros e doentes mentais. O Juqueri deu início a uma medicina alienista de aviltamento científico e ocorreu num cenário republicano ligado ao mercado. Seguia os conceitos higienistas do momento, cujo traço principal era a limpeza das ruas e o saneamento da imagem e do espaço urbanos, ocultando tudo que se constituísse em estorvo à produção: prostitutas, mendigos, pobres e negros, enfim, pessoas que não correspondiam à produção e representavam o "proletariado degenerado". Nesse estabelecimento disciplinar, dirigido pelo dr. Franco da Rocha, foram acolhidas de maneira eclética tanto as lições do tratamento moral de Pinel – que via na loucura um distúrbio da razão passível de tratamento – quanto as teorias orgânicas da degenerescência – que atribuíam os distúrbios mentais a deformações congênitas transmissíveis aos descendentes, justificando, assim, o isolamento dos pacientes.

[3] Juliano Moreira (1873-1933) formou-se na Faculdade de Medicina (BA), onde foi professor catedrático de Neuropsiquiatria. Ainda em Salvador, fundou com Nina Rodrigues a Sociedade de Medicina e Cirurgia da Bahia. Freqüentou cursos e serviços de Neurologia e Anatomia na Europa e visitou várias clínicas psiquiátricas, sobretudo na Alemanha (Leipzig, Halle e Wurzburg). Proferiu conferências em que se referia pioneiramente às obras de Freud. Em 1903 foi indicado por Afrânio Peixoto e nomeado pelo ministro do Interior para o cargo de diretor do Hospital Nacional dos Alienados (RJ). No período em que esteve à frente da instituição (1903-1930), defendeu a reformulação da assistência psiquiátrica pública, tanto no âmbito legislativo quanto assistencial. Foi o responsável pela criação de hospitais-colônias e pelo Manicômio Judiciário, implantado em Jacarepaguá.

[4] José Oswald de Sousa Andrade (1890-1954), formou-se em Direito pela Faculdade de São Paulo. Nas suas viagens pela Europa toma contato com as vanguardas, especialmente o futurismo. Ao retornar, aproximou-se de Menotti del Picchia, Guilherme de Almeida, Di Cavalcanti, Mário de Andrade e Brecheret. Desenvolveu intensa atividade jornalística no *Correio Paulistano*, *Jornal do Commercio*, *Correio da Manhã*, *A Manhã* e *O Estado de S. Paulo*; fundou a revista *O Pirralho* e dirigiu *O Homem do Povo*. Foi um dos articuladores da Semana de Arte Moderna de 1922 e um dos principais protagonistas do movimento modernista. Sua produção

cultural se estendeu por poesia, teatro, romance e crítica, encabeçando o programa estético dos manifestos *Pau-Brasil* (1924) e *Antropofágico* (1928). Destacam-se: *Memórias sentimentais de João Miramar* (romance, 1924), *Serafim Ponte Grande* (romance, 1933), *O rei da vela* (teatro, 1937), *Marco zero* (romance, 1943-5).

5 Primeiro volume da série de romances intitulada *Trilogia do exílio*, lançado em 1922 pela editora de Monteiro Lobato, com capa de Anita Malfatti e tiragem de 3 mil exemplares. Algumas passagens desse romance foram lidas na Semana de Arte Moderna de 1922. A trilogia inclui ainda *A estrela de absinto* (1927) e *A escada vermelha* (1934).

6 Poema de Filippo Tommaso Marinetti, também citado como "As rãs verdes".

7 Mário Raul de Moraes Andrade (1893-1945) diplomou-se pelo Conservatório Dramático e Musical de São Paulo, onde lecionou História da Música, e foi membro ativo da Semana de Arte Moderna de 1922 e do modernismo, tendo participado das revistas *Klaxon*, *Estética* e *Terra Roxa e Outras Terras*. Além de exercer a criação literária (poesia e prosa de ficção), foi um pesquisador da música, das artes plásticas e do folclore. Desempenhou importante papel no estabelecimento de uma política cultural por meio de sua atuação no Departamento de Cultura da Prefeitura de São Paulo (1935-8) e no Serviço do Patrimônio Histórico (RJ). Dentre as suas obras destacam-se *Paulicéia desvairada* (poesia, 1922), *Losango cáqui* (poesia, 1926), *Amar, verbo intransitivo* (romance, 1927), *Clã do jabuti* (poesia, 1927) e *Macunaíma* (romance, 1928).

8 Trata-se do segundo livro de poesias de Mário de Andrade, publicado em São Paulo pela Casa Mayença em 1922. No "Prefácio interessantíssimo", ele declarava a fundação do "desvairismo".

9 O epíteto "futurista" foi atribuído por Oswald de Andrade num ensaio publicado no *Jornal do Commercio* (27/5/1921), intitulado "O meu poeta futurista" em que afirmava, entre outras coisas: "Esse lívido e longo Parsifal bem-educado é conhecido pelo seu saber crítico... Mas o que adoro nele, na sua aristocrática alma íntima, é o artista invejável, o artista imenso de nossa cidade. Ele é o autor de um supremo livro neste momento literário. Chamou-o *Paulicéia desvairada* – cinqüenta páginas talvez da mais rica, da mais inédita, da mais bela poesia citadina". Tal designação foi refutada por Mário de Andrade em dois textos. Pouco mais de uma semana depois da publicação do artigo de Oswald, ele publicou no mesmo *Jornal do Commercio* (6/6/1921) um texto intitulado "Futurista?!" em que esclarecia a sua posição: "Futurista por quê? Será só e unicamente porque o meu amigo admira certos corifeus do futurismo e reconhece, no meio de suas erronias, os benefícios que o grupo nos veio trazer?". Por sua vez, no "Prefácio interessantíssimo" (1921), ele afirmava: "Não sou futurista (de

Marinetti). Disse e repito-o. Tenho pontos de contato com o futurismo. Oswald de Andrade, chamando-me futurista, errou".

[10] Paulo da Silva Prado (1869-1943) formou-se em Direito pela Faculdade de São Paulo. Além de ensaísta e historiador, foi um dos mecenas da Semana de Arte Moderna de 1922. Dirigiu a *Revista do Brasil* e a *Revista Nova*, e publicou *Paulística* (1925) e *Retrato do Brasil* (1928). Representou São Paulo no Comitê de Valorização do Café, de 1913 a 1916, e participou das transações entre o governo do Estado e os banqueiros europeus.

[11] René de Castro Thiollier (1884-1968) formou-se em Direito pela Faculdade de São Paulo e fundou com Júlio Prestes a revista *A Musa*. Fundou e dirigiu a *Revista da Academia Paulista de Letras*, da qual também foi secretário-geral. Publicou contos, romances, crônicas e memórias. Foi um dos mecenas da Semana de Arte Moderna de 1922. Sua residência, a Villa Fortunata, localizada na avenida Paulista (SP), foi palco de festas e celebrações.

[12] Paulo Menotti del Picchia (1892-1988), formado em Direito pela Faculdade de São Paulo, exerceu intensa atividade jornalística: foi diretor de *A Tribuna* (Santos, SP), redator principal de *A Gazeta* e *Correio Paulistano*, além de fundador das revistas *A Cigarra* e *Nossa Revista*, bem como colaborador do *Diário da Noite*. Foi um articulador e aguerrido participante da Semana de Arte Moderna de 1922. Poucos anos depois, integrou os movimentos nacionalistas "Verde e Amarelo" com Cassiano Ricardo e Plínio Salgado, e "Bandeira" com Cassiano Ricardo e Cândido Motta Filho. Entre as suas obras destacam-se *Juca Mulato* (poesia, 1917), *Máscaras* (poesia, 1920), *O pão de Moloch* (crônicas, 1921), *Chuva de pedra* (poesia, 1925) e *Salomé* (romance, 1940).

[13] Guilherme de Andrade e Almeida (1890-1969) formou-se em Direito pela Faculdade de São Paulo e foi redator de *O Estado de S. Paulo*, diretor da *Folha da Manhã* e da *Folha da Noite*, fundador do *Jornal de São Paulo* e redator do *Diário de São Paulo*. A publicação do livro de poesias *Nós* (1917), que iniciou sua carreira literária, e a dos que se seguiram até 1922, todos de inspiração romântica, colocaram-no entre os maiores líricos brasileiros. Em 1922 participou da Semana de Arte Moderna, e em seguida fundou a revista *Klaxon*. Percorreu o Brasil difundindo as idéias da renovação artística e literária. Fez conferências e publicou artigos em que adotou a linha nacionalista do modernismo, cuja tese era a de que a poesia brasileira "deve ser de exportação e não de importação". Os seus livros *Meu* e *Raça* (ambos de 1925) exprimem a orientação fiel à temática brasileira.

[14] Trata-se, provavelmente, de um erro de atribuição, pois o membro da trupe era Cândido Motta Filho (1897-1977), formado em Direito pela Faculdade de São Paulo, onde também lecionou. Motta Filho exerceu a magistratura e

ocupou vários cargos políticos. Participou do movimento modernista no grupo "Verde e Amarelo", com Cassiano Ricardo e Menotti del Picchia.

[15] José Pereira da Graça Aranha (1868-1931), formado em Direito pela Faculdade de Recife, também foi juiz e diplomata. Foi um dos fundadores da Academia Brasileira de Letras, em 1897. Proferiu a conferência de abertura da Semana de Arte Moderna de 1922, intitulada "A Emoção Estética na Obra Moderna". Após a conferência "O Espírito Moderno", lida na Academia em 19/6/1924, em que defendia a renovação literária e filosófica, desligou-se da instituição. Escreveu o romance *Canaã* (1902).

[16] Designação dada aos parnasianos, cuja origem é o título de uma série de sete estudos de Mário de Andrade publicados em 1921, no *Jornal do Commercio* (SP). São eles: "Glorificação" (2/8), "Francisca Júlia" (12/8), "Raimundo Correia" (15/8), "Alberto de Oliveira" (16/8), "Olavo Bilac" (20/8), "Vicente de Carvalho" (23/8) e "Prelúdio, Coral e Fuga" (1/9).

[17] Lorenzo Stecchetti, pseudônimo de Olindo Guerrini (1845-1916), poeta italiano cultor da forma soneto. Publicou, em 1877, um livro de versos, sob o título *Póstuma*, que o tornou famoso.

[18] Nome do poema de Stecchetti, publicado sob o pseudônimo de Argia Sbolenfi.

[19] O verso transcrito por Guastini apresenta equívocos. A forma correta é "Miglor dir come si nasce, che narrar come si muore" (melhor dizer como se nasce, que narrar como se morre). Trata-se do último verso do poema "Alla società emiliana delle levatrici come segno di omaggio cordiale questa ode ostetrica è dedicata".

[20] Último parágrafo do "Manifesto Pau-Brasil" (1924).

Disparates

[1] Dono de cabaré, em francês.

[2] Projetado por Francisco Marcelino de Souza Aguiar, engenheiro civil, militar e prefeito do antigo Distrito Federal de 1906 a 1909, para abrigar o pavilhão brasileiro na Exposição Universal de Saint-Louis, Lousiana (1904). Apresentava um traço eclético, conforme preconizava a estética *art nouveau*. Foi reconstruído e instalado na avenida Central (RJ) por ocasião da III Conferência Pan-Americana em 1906. Passou então a ser denominado Palácio Monroe, em homenagem ao presidente norte-americano, James Monroe, autor da doutrina não-intervencionista (1823) da qual o Brasil foi o primeiro signatário. O Palácio abrigou em diferentes ocasiões a Câmara dos Deputados e o Senado Federal. Foi demolido em 1976.

Alucinação visual

[1] Lasar Segall (1891-1957), nascido na Lituânia, estudou na Academia Imperial de Belas-Artes de Berlim e depois em Dresden. Sua produção revela fortes traços expressionistas, de padrão geométrico e cores sóbrias. Em 1913 participou das duas primeiras exposições de arte moderna do país, em São Paulo e em Campinas. Retornou definitivamente em 1923, estreitando relações com Mário de Andrade e o círculo modernista. Além de explorar diversas técnicas de gravura (metal, litogravura e xilogravura), suas telas passaram a exibir cores mais vibrantes e temas brasileiros (mangue, imigrantes).

[2] Arte politicamente orientada para a ação revolucionária.

[3] Pseudônimo de Menotti del Picchia.

[4] No original, erroneamente grafado Quiroz. Cesáreo Bernaldo Quirós (1881-1968), pintor argentino, produziu obras de temática regionalista e gauchesca sem precedentes na arte figurativa argentina, tendo sido chamado por Leopoldo Lugones de "pintor da pátria". Na década de 1910 participou do Grupo Nexus, que se propunha a tematizar o futuro da arte nacional. Foi professor da Escola Nacional de Artes Decorativas e presidente da Academia Nacional de Belas-Artes. Sua exposição individual no Rio de Janeiro foi objeto de comentário de Menotti del Picchia no *Correio Paulistano* (7/11/1921, p. 3).

Grito oportuno

[1] Líder, em inglês.

[2] Título do romance de Gabriele d'Annunzio publicado em 1910.

[3] Em nome de, em latim.

[4] Líder, comandante, em italiano.

[5] Vittorio Emanuele III (1869-1947), membro da Casa de Savóia e rei da Itália de 1900 a 1946.

Uma conferência

[1] Blaise Cendrars (1887-1961), pseudônimo de Frédéric Louis Sauser. Poeta, romancista, crítico de arte, diretor de cinema e viajante nascido na Suíça. Antes da Primeira Guerra Mundial, esteve associado a Apollinaire, Picasso, Braque e Léger. Sua poesia se caracterizava pela convergência e montagem de imagens e emoções calcadas nos princípios cubistas. Durante a Primeira Guerra, lutou na Legião Estrangeira, foi ferido e perdeu um braço. Descreveu essa experiência nas obras *La main coupée* e *J'ai tué*. Envolveu-se no entreguerras com a indústria cinematográfica e foi freqüentador do *boulevard* Montparnasse, onde se encontrava com Henry Miller e Ernest Hemingway, bem como com escultores, pintores e escritores que residiam em Paris. Nesse contexto, conheceu Tarsila do Amaral e Oswald de Andrade e foi

convidado por eles para conhecer o Brasil. Em 1924 realizou conferências sobre poesia moderna e a arte contemporânea da Escola de Paris. Acompanhado pelos modernistas, assistiu ao carnaval do Rio de Janeiro e excursionou pelas cidades históricas de Minas Gerais.

2   Robert Delaunay (1885-1941), pintor cubista francês, foi influenciado, no início de sua carreira, pelos pós-impressionistas e pelo fovismo. No fim da década de 1900, ele associou os princípios geométricos cubistas à exploração das cores. A *Torre Eiffel* e os estudos sobre a cidade de Paris são as obras mais representativas desse período, que culminou com a criação de um novo estilo, marcado pelo emprego de formas circulares e de cores vivas; o poeta Guillaume Apollinaire chamou-o de "orfismo". Em 1911 Delaunay recebeu um convite de Kandinsky para conhecer o trabalho do grupo Der Blaue Reiter, sediado em Munique, e aí começava sua conversão à arte abstrata. Durante a Primeira Guerra Mundial, ele e sua esposa, Sonia Delaunay-Terk, produziram vários figurinos para a Ópera de Madri.

3   Joseph Fernand Henri Léger (1881-1955), pintor cubista francês, entrou para a Escola de Arte Decorativa em 1903. Três anos mais tarde, conseguiu uma vaga na Académie Julien. Travou contato com os poetas Guillaume Apollinaire e Blaise Cendrars, com os pintores Delaunay e Rousseau e mais tarde com Picasso e Braque. Em 1913, utilizando a abstração em seus trabalhos, pintou a série *Contrastes de formas*, com as quais ilustrou sua teoria de que a pintura deve oferecer diversidade de cores, linhas e volumes. Começa seu período mecânico em 1919, fascinado por motores, trilhos de trem e ambientes fabris. Nos anos 1920 entrou em contato com Le Corbusier e fundou o jornal *L'Esprit Nouveau*. Durante a Segunda Guerra Mundial mudou-se para os Estados Unidos, onde lecionou na Universidade de Yale e projetou a decoração do Rockefeller Center. Com o fim da guerra, retornou à França e filiou-se ao Partido Comunista francês. Recebeu o Grande Prêmio da III Bienal de São Paulo (1955).

4   Albert Léon Gleizes (1881-1953), pintor cubista francês, foi também ilustrador e escritor. Inicialmente influenciado pelo impressionismo, estabeleceu contato com Robert Delaunay, Fernand Léger e Jean Metzinger. Sua participação no Salão dos Independentes, em 1911, revelou uma rica palheta de cores, se comparada ao efeito monocromático de Picasso e Braque; da mesma forma, sua obra se apresentava mais representacionalista que a dos demais. Em 1912 publicou em co-autoria com Jean Metzinger um ensaio teórico sobre o cubismo que o aproximou do grupo Puteaux, liderado por François Villon e Marcel Duchamp.

5   Tarsila do Amaral (1886-1973), pintora e desenhista brasileira, estudou escultura, pintura e desenho em São Paulo com William Zadig, Mantovani, Pedro Alexandrino e Georg Elpons. Em 1920 viajou para Paris e estudou na Académie Julian com Emile Renard. Ao retornar ao Brasil, formou em 1922,

em São Paulo, o Grupo dos Cinco, com Anita Malfatti, Mário de Andrade, Menotti del Picchia e Oswald de Andrade. Em 1923, novamente em Paris, freqüentou o ateliê de André Lhote, Albert Gleizes e Fernand Léger, e entrou em contato com expoentes da vanguarda, como Blaise Cendrars, Constantin Brancusi, Vollard, Jean Cocteau, Eric Satie, entre outros. No ano seguinte, já no Brasil, com Oswald de Andrade, Olívia Guedes Penteado, Mário de Andrade e outros, acompanhou o poeta Blaise Cendrars em viagem às cidades históricas de Minas Gerais. Realizou uma série de trabalhos baseados em esboços feitos durante a viagem. Nesse período, iniciou a chamada fase "Pau-Brasil", em que mergulhou na temática nacional. Em 1925 ilustrou o livro de poemas *Pau-Brasil*, de Oswald de Andrade, publicado em Paris. Em 1928 pintou *Abaporu*, tela que inspirou o movimento antropofágico desencadeado por Oswald de Andrade e Raul Bopp. Em 1933, após viagem à União Soviética, iniciou uma fase voltada para temas sociais e produziu as obras *Operários* e *Segunda classe*.

Blague

1 Romance publicado em 1924 pela editora Independência, com capa de Tarsila do Amaral.

2 *O Pirralho* era uma revista semanal ilustrada, cuja circulação se iniciou em 1911. Oswald de Andrade foi seu proprietário e co-fundador, e Dolor de Brito Franco, seu diretor. Além da sátira política (apoiou, por exemplo, a Campanha Civilista contra o marechal Hermes da Fonseca), *O Pirralho* tinha seções literárias, sociais e esportivas. Era uma revista dirigida à classe alta: promovia concursos de beleza e de simpatia entre moços e moças "da sociedade" e publicava fotografias. Por esse motivo, sua irreverência nunca ultrapassou o limite do decoro de uma publicação voltada para pessoas bem-nascidas. Suas páginas registravam o cotidiano político e mundano da época numa chave humorística, vazada ainda num dialeto macarrônico, no qual se misturavam o português arrevesado dos imigrantes e a fala inculta das camadas populares de São Paulo. Teve como colaboradores regulares uma diversidade de escritores, desde parnasianos, como Olavo Bilac, Afonso Celso e Vicente de Carvalho, até os mais diversos "pré-modernistas", como Amadeu Amaral, Cornélio Pires, o ilustrador e caricaturista Voltolino (pseudônimo de Lemmo Lemmi), Oswald de Andrade (que assinava muitas vezes com o codinome Annibale Scipione) e Alexandre Marcondes (Juó Bananére). Sua circulação foi encerrada em 1918.

3 Piadista, brincalhão, em francês.

4 João Batista de Azevedo Marques (1859-1933) dedicou-se ao magistério particular e depois ao jornalismo e ao teatro. Foi colaborador do *Correio Paulistano* e de *A Cigarra*. Escreveu contos, comédias e dramas.

Sinceridade

[1] Fundado em 1908 pelo conselheiro Antonio Prado, foi instalado provisoriamente no Palacete Martinico, à rua de São Bento, 77. Tinha por finalidade promover o automobilismo, organizar concursos e obter dos poderes públicos a conservação e a abertura de estradas. Sua sede foi um dos centros de convivência da elite paulistana. De acordo com informe publicado em 1913, "o Club será transferido para a rua Líbero Badaró, 46, onde adquiriu terreno de 16 x 30 para ser edificado edifício de três andares, comportando: salão de leitura, salão de danças, salão de recepção, restaurante, salão de chá para famílias, sala de bilhar, sala de jogo, barbearia etc. Possui 230 sócios". Em 1914, a sede do Automóvel Club foi transferida para a rua Líbero Badaró, 106, onde ocupou um dos Palacetes Prates, projetados pelo arquiteto Samuel Neves. Os prédios Conde Prates foram demolidos na década de 1950.

[2] Neologismo derivado do termo inglês *spleen*, empregado pelos poetas românticos para designar o tédio e a melancolia.

[3] Marca inglesa de sofás e poltronas.

[4] Diferentemente da informação fornecida por Guastini, o artigo de Oswald de Andrade foi publicado em *A Manhã* (suplemento de São Paulo), sob o título de "Modernismo atrasado" (25/6/1924). Nesse texto, ele apresenta uma crítica severa à concepção de Graça Aranha exposta na conferência "O Espírito Moderno". A incompatibilidade com Graça Aranha é exposta nos seguintes termos: "Graça Aranha é dos mais perigosos fenômenos de cultura que uma nação analfabeta pode desejar. Leu mais duas linhas do que os outros, apanhou três idéias além das de uso corrente e faquirizado por uma hipnose interior, crédulo e ingênuo, quer impor à *outrance* os seus últimos conhecimentos, quase sempre confusos e caóticos. (...) A Academia está pagando caro a sua incúria. Nunca estudou os fenômenos estéticos modernos. Fechada numa estreita egolatria parnasiana, usa apenas sorrir para as renovações que se anunciam em todo o mundo. Agora, eis a Academia assombrada por esse espalhafatoso tiro de pólvora seca, soltado na acústica do próprio Silogeu. Talvez nesse grêmio, onde no entanto vivem e trabalham homens instruídos e alguns nobres escritores, pouca gente esteja nas condições de igualdade para a luta. Andam, quase todos, elegendo o príncipe dos poetas como na França dos cafés, meio século atrás".

[5] O romance *Senhor Dom Torres: páginas agrodoces*, de René Thiollier, foi publicado em São Paulo pela Casa Mayença em 1921, com capa de Paim e ilustrações de Wasth Rodrigues e Voltolino.

Pau-Brasil

[1] O ensaio é assinado por Hélios e foi publicado em 26/8/1925 no *Correio Paulistano*. Trata-se de uma carta de Oswald transcrita e comentada por Menotti del Picchia na coluna "Crônica social", sob o título "Uma carta".

[2] Comendador Joaquim Gil Pinheiro (1855-1926), comerciante português, é autor de *Primícias: poemas dos principais fatos da história do Brasil até a sua independência*, publicado em São Paulo em 1900.

Chuva de pedra

[1] Errantes, em inglês.

[2] Cortinas, em francês.

[3] Lamparina, em francês.

Autógrafo quinhentista

[1] Revista modernista fundada em 1926 por Paulo Prado, dirigida por Couto de Barros e Alcântara Machado. Entre seus colaboradores, figuravam Mário de Andrade e Oswald de Andrade.

[2] José de Anchieta (1534-1597), jesuíta e catequista, estudou na Universidade de Coimbra. Chegou ao Brasil com a comitiva do segundo governador geral do Brasil, D. Duarte da Costa, em 1553. Foi reitor do Colégio de São Vicente e depois auxiliar do padre Manuel da Nóbrega na fundação do Colégio do Planalto de Piratininga. Por isso é considerado o fundador da cidade, apóstolo e primeiro mestre do Brasil.

[3] Antiquário inglês fundado em 1853.

[4] Afonso d'Escragnolle Taunay (1876-1958), ensaísta e historiador, dedicou-se às temáticas do bandeirismo e à história de São Paulo. Foi diretor do Museu Paulista no período de 1917 a 1945, e responsável pela transformação dessa instituição em museu-momento, alegoria dos feitos heróicos dos paulistas na construção da brasilidade.

[5] Referência ao conselheiro Acácio, personagem do romance *Primo Basílio* (1878), do escritor português Eça de Queirós. Ele representa o falso moralismo, o formalismo e o apego às aparências.

[6] Rafael Sanzio (1483-1520), pintor renascentista italiano, foi convidado pelo papa Júlio II para pintar algumas salas do Palácio do Vaticano; dentre suas pinturas, destaca-se o afresco *A escola de Atenas*.

[7] O ensaio de René Thiollier, "Nós em São João del Rey", foi publicado na revista *Terra Roxa*, ano 1, nº 1, 20/1/1926, p. 2-3.

[8] Xavier de Maistre (1763-1852), escritor francês, serviu no Exército russo e viveu a maior parte de sua vida em São Petersburgo. Escreveu o romance *Viagem à roda do meu quarto* (1794) quando estava preso, condenado por duelar.

[9] Expressão latina, originalmente grega (*peplos*), que era como os antigos se referiam àquelas túnicas sem mangas presas ao ombro por um broche ou uma fivela.

Uma carta de Anchieta

[1] Padre Antônio Vieira (1608-1697) nasceu em Lisboa e seguiu para a Bahia em companhia de seu pai, alto funcionário da Coroa. Estudou no Colégio Jesuítico de Salvador e ordenou-se aos 26 anos. Pregou em seus sermões a favor dos cristãos-novos e contra o Commercio e a escravização dos indígenas, suscitando reações da Inquisição e dos colonos. Em 1664, escreveu a *História do futuro*, obra de caráter profético em que expõe uma concepção providencialista da História e a crença sebastianista em um reino universal católico organizado sob a Coroa Portuguesa (o "Quinto Império").

[2] Monsieur Jourdain é o principal personagem da comédia de Molière, *Le bourgeois gentilhomme (O burguês fidalgo)*, de 1670. No segundo ato, o personagem − que representa um novo-rico, de origem burguesa − contrata um professor de gramática para ensinar-lhe prosa e poesia, visando ascender socialmente. Depois de ouvir do mestre que "tudo o que não é prosa é verso; e tudo o que não é verso é prosa", Monsieur Jourdain pergunta: "− E qual dos dois é, quando a gente fala?". Após obter a resposta, ele exclama: "− Mas olha só! Há mais de quarenta anos que eu faço prosa e nem sabia! Obrigado, professor: sem o senhor, eu não teria descoberto!".

O passado e o futuro

[1] Ronald de Carvalho (1893–1935). Formado pela Faculdade Livre de Ciências Jurídicas e Sociais (RJ), seguiu em 1913 para estudar Filosofia e Sociologia em Paris. Em 1914 começou a exercer atividades diplomáticas, estabelecendo-se em Lisboa. Conhece então os membros do grupo modernista desse país em 1915, participando inclusive do lançamento da revista *Orpheu*, marco inicial do modernismo português. No decorrer da Semana de Arte Moderna, causou o maior escândalo ao declamar o poema "Os sapos", de autoria de Manuel Bandeira, que satirizava os poetas parnasianos. Dedicou-se ao ensaio, à crítica e aos estudos de história da literatura. Suas obras de maior destaque foram: *Espelho de Ariel* (1923) e *Pequena história da literatura brasileira* (1919).

[2] Casimiro José Marques de Abreu (1837-1860), poeta lírico romântico, foi colaborador regular dos periódicos *Correio Mercantil*, *A Marmota*, *O Espelho* e *Revista Popular*. Em 1859 publicou sua obra mais famosa, o livro de poesia *As primaveras*.

[3] Pomada feita à base de enxofre, empregada para combater a sarna.

Pathé-Baby

[1] Brasílio Augusto Machado de Oliveira (1848-1919) formou-se em Direito pela Faculdade de São Paulo e foi promotor, inspetor do Tesouro Provincial, secretário do Tribunal de Relação e professor da Faculdade de Direito de

São Paulo. Como político, filiou-se ao Partido Liberal, lutou pela abolição da escravatura e dirigiu vários órgãos partidários, como *Tribuna Liberal* e *Diário da Manhã*. Como jornalista, foi colaborador do *Correio Paulistano*, *Diário Popular* e *Commercio de S. Paulo*. Foi o primeiro presidente da Academia Paulista de Letras.

[2] Modo de dizer, em italiano.

[3] A data correta da publicação no *Jornal do Commercio* (SP) do artigo "Vultos e livros", de Alcântara Machado, é 19/9/1921. A obra de Arthur Motta intitula-se *Vultos e livros* e foi publicada pela Editora Monteiro Lobato & Cia. em 1921.

[4] José Maria dos Santos (1877-1954) cursou a Escola Militar (RJ) e participou dos combates em Canudos. De volta ao Rio de Janeiro, colaborou em diversas publicações (*O Paiz, Jornal do Commercio, O Globo*). Trabalhou como correspondente do *Estado de S. Paulo* na Europa, por designação de Júlio de Mesquita. Durante os anos 1910 e 1920, ocupou o cargo de redator de *Le Figaro* e de redator-chefe do *Petit Parisien*. De volta ao Brasil, teve atuação destacada na imprensa paulista e publicou *A política geral do Brasil* (1930) e *Os republicanos paulistas e a abolição* (1942).

[5] Enrico Ferri (1856-1926), criminologista italiano, empreendeu estudos com base nos pressupostos de Cesare Lombroso, enfatizando os fatores econômicos e sociais. Sua argumentação rejeitava a mera ação punitiva e o sistema prisional, e recomendava a ação preventiva. O código penal da Argentina (1921) baseou-se nesses pressupostos; já o governo fascista italiano rejeitou projeto concebido por ele. Ferri foi editor por muitos anos do diário socialista *Avanti*. Esteve em São Paulo em duas oportunidades, em 1908 e 1910.

[6] Gina Lombroso-Ferrero (1872-1944) esteve em São Paulo em 1907, acompanhando seu marido, Guilherme Ferrero. Ela relatou essa viagem na obra *Nell'America meridionale (Brasile — Uruguay — Argentina): note e impressioni*, publicada em 1908 em Milão.

[7] Antonio Paim Vieira (1895-1988) cursou a Escola Normal de São Paulo. Foi ilustrador no Rio de Janeiro da *Fon-Fon!* e *Para Todos*. Em São Paulo ilustrou a revista *Ariel* e capista de diversos livros. Participou da Semana de Arte Moderna de 1922 e foi co-autor de trabalhos assinados por Yan de Almeida Prado. Em 1950 assumiu na FAU-USP a cadeira de Arte Decorativa.

Respondendo à chamada

[1] *Losango cáqui*, ou *Afetos militares de mistura com os porquês de eu saber alemão*, livro de poesia de Mário de Andrade publicado em 1926 pela Casa Editora A. Tisi, com capa de Di Cavalcanti.

[2] Cassiano Ricardo Leite (1895-1974), formado em Direito pela Faculdade do Rio de Janeiro, integrou os grupos "Verde e Amarelo" e "Anta" ao lado de Plínio Salgado, Menotti del Picchia, Raul Bopp, Cândido Motta Filho e outros. Dirigiu a revista *Novíssima*. Publicou, entre outros, *Borrões de verde e amarelo* (poesia, 1926), *Martim Cererê* (poesia, 1928) e *Marcha para oeste* (ensaio, 1940).

[3] O autor faz referência, respectivamente, a "Tu" e "Noturno", publicados em *Paulicéia desvairada* (1922). É curioso verificar que ele comete um duplo equívoco ao transcrever os poemas de Mário de Andrade. Diferentemente do que é afirmado, a segunda estrofe do poema "Tu" menciona "Mulher mais longa/ que os pasmos alucinados/ das torres de São Bento!..." Na segunda passagem, Guastini emprega a grafia italiana "patate assate", que é distinta da estilização utilizada no poema ("Batat'assat'ô furnn!...") por Mário de Andrade.

Atordoamento

[1] Menotti del Picchia recebeu 8.018 votos pelo Partido Republicano Paulista (PRP) e ocupou uma das vagas abertas na 13ª legislatura, entre 1925 e 1927.

[2] Referência à sede do Congresso Legislativo, instalada onde outrora funcionava a Cadeia Velha, no local que hoje corresponde à praça João Mendes.

O que há e o que houve

[1] Dançar o *foxtrote*, gênero musical em compasso quaternário e denominação de dança de salão em voga no início do século XX.

[2] Competição, partida, em inglês.

Cultuando o passado

[1] Martim Francisco Ribeiro de Andrade (1853-1927), formado em Direito pela Faculdade de São Paulo, foi publicista de humor sarcástico, ensaísta com trabalhos na área de história e secretário da Fazenda de São Paulo.

[2] Padre Manuel de Moraes (1586-1651) estudou no Colégio dos Jesuítas (BA). Foi superior de uma aldeia de índios em Pernambuco. Aprisionado pelos holandeses, foi enviado para Amsterdã, onde se converteu ao calvinismo. Regressou ao Brasil, foi negociante de pau-brasil, lutou contra os holandeses. Ainda assim foi preso e enviado a Lisboa, onde foi julgado e absolvido. De acordo com Taunay, foi o primeiro autor paulista e jesuíta apóstata. Escreveu: *Memórias históricas sobre Portugal e o Brasil* e *História de la América*.

[3] Frei Vicente do Salvador (1564-1639) estudou Teologia e Cânones na Universidade de Coimbra. Escreveu *História do Brasil*, obra dividida em cinco livros que abrangem desde o descobrimento até a época do gover-

no de Diogo Luís de Oliveira. Permaneceu inédita até o século XIX, quando foi editada por Capistrano de Abreu.

4 Pedro Taques de Almeida Pais Leme (1714-1777) estudou no Colégio dos Jesuítas (SP), onde obteve o grau de Mestre de Artes. Ocupou diversos cargos em Goiás, Minas Gerais e São Paulo. Escreveu vários textos baseados em pesquisas genealógicas e históricas, como: *Notícias das minas de São Paulo e dos sertões da mesma capitania*, *História da capitania de São Vicente* e *Nobiliarquia paulistana: genealogia das principais famílias de São Paulo*.

5 Frei Gaspar da Madre de Deus (1715-1800), monge beneditino, estudou Teologia e Filosofia em Portugal. Foi abade provincial do Brasil e escreveu a obra *Memórias para a história da capitania de São Vicente, hoje chamada São Paulo*.

Galantarias... futuristas

1 Café-concerto instalado pela Companhia Antártica, em 1910, na esquina da rua do Anhangabaú com a avenida São João.

2 Moacir de Macedo Chagas (1894-1940), poeta, prosador e jornalista.

3 Substância analgésica, de uso antiespasmódico e sedativo. Era empregada de modo ilícito como entorpecente.

4 Fogo de artifício que descreve voltas pelo chão, espécie de busca-pé sem bomba.

5 A primeira conferência realizou-se no dia 24/5/1926; a segunda, no dia 27/5/1926.

Deixemos Marinetti falar

1 A primeira conferência de Marinetti no Rio de Janeiro realizou-se no dia 15/5/1926, no Teatro Lírico. Na abertura, ele citou os "campeões da cruzada futurista" no Brasil: Graça Aranha, Mário de Andrade, Ronald de Carvalho, Prudente de Morais, Manuel Bandeira, Renato Almeida, Sérgio Buarque de Holanda e Henrique Ponguetti.

2 Nome do hotel onde Marinetti ficou hospedado. Localizava-se na atual praça Ramos de Azevedo. O edifício foi construído em 1923 pelos arquitetos Viret e Marmorat. O Hotel Esplanada, com seus bailes e eventos, foi um local de encontro da elite paulistana.

3 Circo estabelecido na rua São João, 162, próximo do largo do Paissandu, onde atuava o palhaço Piolin, nome artístico de Abelardo Pinto (1887-1973).

Marinetti falou

1 Giovanni Pisano (1248-1314), escultor italiano de orientação gótica, notabilizou-se pelos púlpitos de Santa Andréa (Pistóia) e da catedral de Pisa.

² Claude-Achille Debussy (1862-1918), compositor francês, estudou no Conservatório de Paris. Empreendeu uma longa viagem pela Itália e pela Rússia, o que contribuiu para fomentar o seu inconformismo e uma singular imaginação no campo da harmonia. Em 1884 obteve o prestigioso *Prix de Rome*. Em 1894 compôs uma obra-prima orquestral revolucionária, *Prelúdio à tarde de um fauno* (1894), baseada num poema do poeta simbolista Stephane Mallarmé. Obras posteriores incluem o drama lírico *Pelléas e Melisande* (1895), baseada na peça simbolista do poeta belga Maurice de Maeterlinck; as suítes orquestrais *Noturnos* (1899), *O mar* (1905) e *Imagens* (1912); e ainda duas importantes coletâneas para piano, *Prelúdios* (1910-1913). Debussy teve importância primordial na libertação da música do século XX da forma clássica e da progressão harmônica ortodoxa.

³ Heitor Villa-Lobos (1887-1959), compositor, instrumentista, regente e professor brasileiro, viajou muito pelo Brasil antes de firmar-se como compositor experimental, adotando em sua música a linguagem do modernismo europeu e elementos do folclore brasileiro. Convidado por Graça Aranha, participou da Semana de Arte Moderna de 1922. Durante sua permanência na Europa, como professor do Conservatório Internacional de Fontainbleau, de 1923 a 1930, conviveu com os vultos da criação musical: Maurice Ravel, Paul Dukas, Manuel de Falla, Florent Schmitt, Arthur Honegger, Igor Stravinsky, Sergei Prokofiev, Alfredo Casella, Edgar Varèse e outros. De volta ao Brasil, foi convidado por Anísio Teixeira, então secretário da Educação do Distrito Federal, para organizar o ensino de canto orfeônico nas escolas. Ele pôde colocar em prática seu então princípio de que a salvação da música brasileira dependia da formação básica da juventude, e de que o canto coletivo era o melhor meio de educação social. Foi extraordinariamente produtivo, inaugurando uma linguagem viva e folclórica, representada pelas nove *Bachianas brasileiras* (1930-1945), uma síntese da música européia e nacional.

Regressando ao passado

¹ Aquém, em latim.

² Andrinopla (ou Adrianópolis) é o antigo nome da atual Edirna, cidade da Turquia. A batalha a que se refere o autor ocorreu em 378 d. C., quando Valente, imperador romano do Oriente, foi derrotado pelos visigodos. É considerada a maior derrota militar imposta ao Exército romano, com a morte de cerca de 40 mil soldados, quatro generais e do próprio imperador. Esse evento levou à admissão dos povos germanos e visigodos como povos federados, provocando uma grande imigração bárbara para os territórios romanos.

Futurismo elástico

[1] Peste, em italiano.

[2] Gabriele d'Annunzio, pseudônimo de Francesco Rapagnetta (1863-1938), foi poeta, romancista e dramaturgo italiano. Muito jovem estabeleceu-se em Roma, onde passou a ter uma vida cheia de aventuras amorosas. Conheceu por meio delas a corrupção dentro da alta sociedade e desenvolveu desprezo pelas convenções morais, especialmente demonstrado em seus livros *Il piacere* (1889), *Elegie romane* (1891), *L'innocente* (1892), *Il trionfo della morte* (1894) e *Laudi del cielo, del mare, della terra e degli eroi* (1899). Após se separar da atriz Eleonora Duse, grande paixão de sua vida e inspiradora de peças dramáticas como *La figlia di Iorio* (1904), foi para a França (1910), mas voltou à Itália para combater na Primeira Guerra Mundial. Tomou a cidade de Fiume (1919), da qual se declarou regente, e ligou-se ao regime fascista de Mussolini.

[3] Emilio Settimelli (1891-1954), jornalista, poeta, dramaturgo e editor italiano, escreveu, com Marinetti e Corradini, os manifestos *Il teatro futurista sintetico* (1915) e o *Manifesto do cinema futurista* (1916). Foi diretor da revista *L'Italia Futurista* (1916-1918).

[4] Mario Carli (1889-1935), escritor e jornalista italiano, converteu-se ao futurismo em 1914. Em 1916 foi signatário do "Manifesto da Ciência Futurista". Durante a Primeira Guerra Mundial, participou da tropa de assalto do Partido Futurista em Roma.

[5] De agora em diante, em italiano.

[6] Poema de Giosuè Carducci (1863-1938) que remete ao episódio da "Expedição dos Mil", liderada por Garibaldi, em 1860, durante a campanha pela unificação italiana. Esse poema integra o livro *Odi barbare* (1887).

É futurista: quem quer abolir o papado

[1] Roberto Farinacci (1892-1945), jornalista e advogado italiano, depois de breve militância entre os socialistas, passou às fileiras do movimento antibolchevique após a Primeira Guerra Mundial. Foi um dos fundadores da milícia *Fascio de Combatimento* (1919), participou da Marcha sobre Roma (1922), dirigiu importantes semanários fascistas, foi eleito deputado e dirigiu o Partido Fascista entre 1925 e 1926. Foi o responsável pelas leis anti-semitas adotadas no período e constituiu-se interlocutor do regime nazista. Em 1945 foi capturado e assassinado pela Resistência.

[2] Altino Arantes Marques (1876-1965), formado em Direito pela Faculdade de São Paulo, foi deputado federal por dois mandatos (1906-1908 e 1909-1911), tendo sido também secretário de Estado do Interior (1911-1915), além de membro da direção do Partido Republicano Paulista (PRP). Presi-

diu o Estado de São Paulo entre 1916 e 1920. Em seu governo foi promovida a segunda valorização dos preços do café (a primeira foi em 1906, por força do Convênio de Taubaté). Com a geada de 1918, o café, que tinha grandes excedentes no porto de Santos, duplicou de preço. Com a queda da produção, foi possível colocar os excedentes no mercado internacional, permitindo ao governo, com o desafogo, retirar das mãos de um grupo norte-americano o controle da E. F. Sorocabana. Entre 1921 e 1930 foi novamente deputado federal. Em 1946 foi deputado constituinte e, mais uma vez, deputado federal. Foi o primeiro presidente do Banco do Estado de São Paulo; tornou-se membro e presidente da Academia Paulista de Letras (ABL) e membro do Instituto Histórico e Geográfico de São Paulo.

[3] Camilo Benso, conde di Cavour (1810-1861), foi líder agricultor, financista e industrial piemontês. Acreditava na necessidade da unidade e da independência italianas. Fundou em 1847 o jornal *Il Risorgimento*, que defendia reformas constitucionais. Tornou-se primeiro-ministro em 1852 e rapidamente estabeleceu o Piemonte como modelo de progresso militar e econômico. Por meio de alianças e lutas, promoveu a unificação dos estados do norte da Itália. Aliou-se com Garibaldi para integrar os estados de Nápoles e Sicília à unidade italiana.

[4] Lei n. 214, de 13 de maio de 1871, promulgada pelo governo italiano após a Unificação, que reconhece ao papa o livre exercício de sua função espiritual. Regulamentava as prerrogativas do papa, isto é, a inviolabilidade da pessoa, a possibilidade de manter guarda armada, o direito às honras de soberano, a garantia do livre exercício do poder espiritual, a extraterritorialidade do Vaticano, do Palácio de Latrão e da posse de Castelgandolfo, a representação diplomática passiva e ativa. Refere-se também às relações entre o Estado italiano e a Igreja, com a deliberação da liberdade de reunião para os membros do clero, a abolição da obrigação de juramento de fidelidade ao rei para os bispos, a obrigação do *placet* estatal para a nomeação dos bispos e do *exequatur*, ratificação estatal para qualquer providência referente à destinação dos bens da Igreja. Além disso, reconhecia à Igreja uma dotação anual de 3.325.000 liras. Tal regulamentação inspirava-se no princípio de "Igreja livre em Estado livre".

[5] Diz respeito aos conflitos pendentes entre o Estado e o papado desde a unificação italiana. O Tratado de Latrão (1929), celebrado entre o papa Pio XI e Mussolini, deu ao papa soberania sobre a Cidade do Vaticano e indenização pela perda dos antigos estados da Igreja, reconheceu o catolicismo como religião oficial, o casamento religioso passou a ter o mesmo valor do casamento civil e as escolas adotaram o ensino religioso. Os católicos apoiaram Mussolini, mas ele manteve a interdição sobre o Partido Popular e sobre as editoras católicas.

[6] Jornal publicado na cidade de São Paulo em italiano; circulou entre 1915 e 1928.

Michelangelo e... Boccioni

[1] No dia 3/6/1926.

[2] Umberto Boccioni (1882-1916), escultor e pintor italiano, iniciou-se no pontilhismo. Foi um dos autores do "Manifesto Técnico dos Pintores Futuristas", no qual se promovia a representação dos símbolos da moderna tecnologia: violência, poder e velocidade. Em 1909 pintou sua mais importante obra, *Tumulto na galeria*. Em 1912 publicou o "Manifesto da Escultura Futurista" e apresentou o uso de materiais como vidro, madeira, cimento, tecido e lâmpadas elétricas para executar peças de arte. Também sugeriu o uso de um motor para mover partes das esculturas. *Desenvolvimento de uma garrafa no espaço* (1912) e *Formas únicas de continuidade no espaço* (1913) são suas esculturas mais importantes.

Na caravana da vida

Coelho Neto

[1] Henrique Maximiniano Coelho Neto (1864-1934) iniciou o curso jurídico em São Paulo e no Recife, mas não o concluiu. Atuou na imprensa, foi professor em Campinas (SP) e no Colégio Pedro II (RJ), diretor da Escola Dramática Municipal (RJ) e deputado pelo Maranhão por três legislaturas. Sua obra compreende romances, contos, poesia, crônicas, teatro, memórias, conferências e obras didáticas. Foi presidente da Academia Brasileira de Letras (1926) e eleito "príncipe dos prosadores brasileiros".

[2] Humberto de Campos Veras (1886-1934), autodidata, trabalhou como comerciante e tipógrafo. Transferiu-se em 1912 para o Rio de Janeiro, onde passou a militar na imprensa. Transitou pelos mais distintos gêneros (romance, poesia, teatro, memórias, biografia, ensaio), mas destacou-se como cronista. Ingressou na Academia Brasileira de Letras em 1920 e foi por duas vezes deputado federal pelo Maranhão.

[3] Urbano Santos da Costa Araújo (1859-1922), advogado, teve expressiva participação na vida política maranhense após a instalação da República, quando foi editor do *Federalista*. Foi eleito vice-presidente da República (1914-1918), ocupou o cargo de ministro da Justiça e de presidente do Estado do Maranhão (1918-1922), tendo sido eleito novamente para ocupar a vice-presidência (1922-1926), mas faleceu antes de tomar posse.

[4] Propriedade de Giuseppe Martinelli (1870-1946). Martinelli, nascido em Luca, emigrou para o Brasil em 1889. Foi mascate, açougueiro e passou a importador e representante comercial. No fim dos anos 20, tornou-se um

grande armador – com cerca de 22 navios – e proprietário de banco. Em São Paulo seu nome está associado ao edifício localizado na rua de São Bento, esquina com a avenida São João, inaugurado em 1929.

[5] Parasita; por extensão, pessoa servil ou que vive à custa de outro.

[6] Eugenio Casagrande, aviador italiano, tentou empreender um vôo da Itália ao Brasil, apoiado pelo governo italiano, com um hidroavião Savóia-Marchetti, batizado com o nome de *Alcione*. Cumpriu apenas um quinto do percurso total, interrompendo a viagem em Casablanca.

[7] Arturo Ferrarin (1895-1941) e Carlo del Prete (1897-1928), respectivamente piloto e navegador italianos que, em 1928, quebraram o recorde mundial de distância voando, sem interrupções, de Roma a Natal.

[8] O matutino carioca *O Paiz*, de propriedade do conde São Salvador de Matosinhos, começou a circular em 1º de outubro de 1884, sob direção de Quintino Bocaiúva. Em novembro de 1904 sua sede foi transferida para um suntuoso prédio de quatro andares na avenida Central, no mesmo momento em que o controle do jornal passava, numa transação escusa, para João de Souza Lage. A venda de espaço publicitário em troca de elogios ou apoio contribuiu para que o jornal fosse conhecido como o "amigo de todos os governos".

[9] Expressão espanhola, incorporada ao jargão jornalístico com o sentido de notícia solta, referência espirituosa, boato.

João do Rio

[1] Jean Finot (1858-1922), escritor e jornalista francês, dirigiu o periódico *La Revue*. Publicou *Préjugé et problème des sexes* (1913), *L'agonie et la naissance d'un monde* (1918) e *Le préjugé des races* (1921).

[2] Trata-se do primeiro livro publicado do autor (Rio de Janeiro/Paris, H. Garnier Livreiro-Editor, 1904). Reúne crônicas publicadas na *Gazeta de Notícias*, jornal do qual João do Rio foi colaborador.

[3] Reunião de indivíduos de má índole ou de má fama; malta, bando.

[4] José Bezerra de Freitas (1896-1953) bacharelou-se em Direito. Foi redator-chefe de *A Pátria*, colaborador de *O Paiz, A Manhã, O Jornal, Gazeta de Notícias, Correio da Manhã*, do Rio de Janeiro, e de *O Estado de S. Paulo*, bem como das revistas cariocas *O Cruzeiro, A Cigarra, Sombra* e *Bazar*.

[5] Livro de contos publicado por H. Garnier Livreiro-Editor (Rio de Janeiro, Paris) em 1910. Dedicado a Felix Pacheco, redator do *Jornal do Commercio*.

[6] Livro de contos publicado pela Companhia Editora Portugal-Brasil (Lisboa) em 1919.

[7] A conferência "Oração à Mocidade" foi proferida aos alunos da Faculdade de Direito de São Paulo no dia 12 de julho de 1915 e posteriormente

publicada em *Sésamo* (Rio de Janeiro, Francisco Alves, 1917). Trata-se de um exórdio à mobilização política dos estudantes, concebidos como portadores de virtudes da regeneração nacional, no contexto da Primeira Guerra Mundial. A temática (patriotismo, serviço militar obrigatório, nacionalismo cívico) perfilava-se aos princípios da Liga de Defesa Nacional e preparava a recepção de Olavo Bilac, expressão máxima do movimento, que também falou aos estudantes em outubro desse mesmo ano.

8 Publicado pelos editores Villas-Boas & C. (Rio de Janeiro) em 1917. Reúne crônicas publicadas no jornal *O Paiz*, do qual João do Rio foi colaborador.

9 O jornal matutino carioca *A Pátria* foi lançado em 15 de setembro de 1920. Com capital de mil contos e depósito bancário de 100 mil réis, o diário tinha oficinas próprias e estava estabelecido no Largo da Carioca. João do Rio foi seu diretor-presidente e acionista majoritário (com 15% do capital), assistido por um conselho composto pelo editor Villas-Boas, o jornalista Aureliano Machado, dono de *A Revista da Semana*, e o deputado mineiro Francisco Valladares.

Dois teatrólogos

1 Armando da Silva Prado (1880-1956) formou-se em Direito pela Faculdade de São Paulo. Foi vereador (1910-1913, 1920-1922), deputado estadual (1922-30), deputado federal (1930), diretor do Museu Paulista (1916). Como jornalista colaborou em diversas revistas paulistas: *Vida Moderna, A Cigarra, Papel e Tinta, Panóplia, O Comentário*. Foi colaborador e depois diretor e proprietário do *Commercio de S. Paulo*.

2 Obra de Oswald de Andrade e Guilherme de Almeida que marcaria o início da carreira literária do primeiro. Foi publicada num volume só, em 1916, pela Tipographie Ashbahr, com projeto gráfico de José Wasth Rodrigues. A primeira era uma comédia em quatro atos e a segunda um drama em três atos e quatro quadros, ambas escritas em francês.

3 O Hotel e Restaurante Rotisserie Sportsman inicialmente funcionou na rua XV de Novembro, depois se mudou para a rua Direita, 49. Na década de 1910, foram inauguradas novas instalações num edifício de quatro andares na rua Líbero Badaró. De acordo com as informações fornecidas pelo proprietário, o francês Daniel Souquières, o estabelecimento contava com "cem quartos espaçosos e bem ventilados, e mobiliário novo e moderno, luz e campainhas elétricas etc. São em número de dezoito as salas de banho e chuveiros, montados com material inteiramente sanitário, assim como o empregado nos vários W.C. Na parte térrea funciona um bar, sistema americano, e um restaurante com capacidade para duzentas pessoas, e no primeiro andar acha-se um magnífico salão para banquetes, assim como uma série de gabinetes reservados, sala de visitas e sala de leitura, tudo luxuosamente instalado e profusamente iluminado a eletri-

cidade. O serviço de condução é feito por dois elevadores elétricos e o pessoal empregado nas diversas dependências consta de 65 indivíduos de ambos os sexos".

[4] Jornalista proprietário de *O Paiz* (RJ). É autor de uma frase que faz parte do anedotário jornalístico e traduz com muita clareza como eram as relações entre imprensa e poder público no Brasil. Dizia ele: "Só preciso de 22 leitores: os 21 governadores e o presidente da República".

[5] Aurelien François Marie Lugné-Poe (1869-1940), ator e diretor de teatro francês. Fundou o grupo experimental *Le Théâtre de L'Oeuvre*, que teve um importante papel na luta contra a corrente naturalista, com a valorização de novos dramaturgos como Jarry, Ibsen, Wilde, Strindberg, Claudel, Maeterlinck e Hauptmann.

[6] De acordo com Maria Eugênia Boaventura, a atriz que contracenou com Poe foi sua esposa Suzanne Després. Ela foi bolsista do governo francês e atriz da *Comédie Française.*

Brecheret

[1] Victor Brecheret (1894-1955) iniciou-se no Liceu de Artes e Ofícios (SP). Em 1913 foi estudar na Itália, onde trabalhou com Arturo Dazzi e travou contato com a estética pós-impressionista do húngaro Mestrovic e dos franceses Rodin e Bourdelle. Em 1920 expôs na Casa Byington (SP) a maquete do Monumento às Bandeiras, concorrendo ao concurso promovido pela Prefeitura de São Paulo. No mesmo ano, expôs em Santos (SP) a maquete do Monumento aos Andradas. No ano seguinte partiu para Paris, onde permaneceu por cinco anos com bolsa do Pensionato Artístico do Estado de São Paulo. Participou da Semana de Arte Moderna – com cerca de 22 obras – e de diversas exposições internacionais (Salão de Outono, Paris; Exposições Internacionais, Roma; Salão dos Independentes, Paris). Foi o autor da capa do livro *A estrela de absinto* (1927), segundo volume da *Trilogia do exílio*, de Oswald de Andrade.

[2] É o jornal paulistano mais antigo ainda em circulação. Iniciou suas atividades sob o título de *A Província de São Paulo* (4/1/1875). No começo traduzia as aspirações de criação de um diário contra a monarquia e a escravidão, fundado por Manoel Ferraz de Campos Salles e Américo Brasiliense. Com a ascensão do regime republicano passou a circular como *O Estado de S. Paulo*, com uma tiragem de 8 mil exemplares. Em 1902, Júlio de Mesquita tornou-se proprietário único. Ao longo da República Velha adotou uma linha de oposição sistemática aos governos estadual e federal, marcada pela orientação dos partidos republicanos. Em 1926 apoiou a criação do Partido Democrático.

[3] Firmiano Pinto foi prefeito de São Paulo entre 16/1/1920 e 15/1/1926.

[4] Portadora de perfume, em francês. Foi exposta no Salon d'Automne (Paris, 1924). Esta obra faz parte do acervo da Pinacoteca do Estado de São Paulo.

Tempos idos e vividos

Noitada de jornalistas

[1] Fundada em 1835 por Charles Louis Havas, com sede em Paris, foi a primeira das grandes agências internacionais de notícias.

[2] Alberto Ferreira Ramos (1871-1941), formado em Direito pela Faculdade de São Paulo, exerceu intensa atividade jornalística: dirigiu o *Jornal do Commercio* e colaborou em *A Platéia*. No Rio de Janeiro fundou a Agência Americana, depois se transferiu para a Havas, na qual foi redator e diretor.

[3] Batizado com o diminutivo do nome do fundador, o *lucchese* Carlo Cecchini, o restaurante foi inaugurado em 1881.

[4] O restaurante Spadoni foi inaugurado em 1921, pelo casal Júlio e Noêmia Pasquinni, na avenida Ipiranga, entre as avenidas São João e Rio Branco. Eram seus freqüentadores o cantor Francisco Alves e outros boêmios.

[5] Nestor Rangel Pestana (1877-1933) estudou na Escola Neutralidade, dirigida por João Kopke. Trabalhou na Prefeitura de São Paulo, na gestão de Antonio Prado. Ingressou no *Estado de S. Paulo* em 1886, onde foi chefe de redação e, no período de 1927-1933, diretor. Foi correspondente do *La Nación*, de Buenos Aires. Juntamente com José de Melo Abreu e Alfredo Pujol, fundou a Sociedade Cultura Artística (1912).

[6] Joaquim Morse foi secretário de redação do *Commercio de S. Paulo* e jornalista do *Correio Paulistano*.

[7] Manoel Pedro Villaboim (1867-1937), formado em Ciências Jurídicas pela Faculdade do Recife, foi juiz, professor da Faculdade de Direito de São Paulo e deputado estadual (1910-1915) e federal (1915-1929). Dirigiu o jornal *Correio Paulistano*.

[8] Conde Silvio Álvares Penteado (1881-1956) cursou o Owens College, na Inglaterra. Trabalhou na Fábrica de Juta Santana, de propriedade do pai; dedicou-se às práticas esportivas (primeira viagem de automóvel São Paulo–Ribeirão Preto, em 1903; primeira ascensão vertical em balão esférico, em 1905; campeão do circuito Itapecerica, pilotando um Fiat, em 1906). Doou o terreno no largo São Francisco para a construção do novo prédio da Escola de Commercio de São Paulo, projetado por Carlos Ekman e inaugurado em 1908. Fundou a Companhia Paulista de Aninhagens em 1911. Publicou *A campanha da defesa do café* (1924) e monografias sobre economia política.

⁹ O bar, confeitaria e restaurante Progredior estava instalado num prédio de três andares na rua XV de Novembro, próximo da praça Antonio Prado. Era finamente decorado com espelhos e alegorias pintadas por Cláudio Rossi, arquiteto italiano que viria a associar-se com Ramos de Azevedo. No começo do século XX intitulava-se "o mais vasto bar de São Paulo" e era freqüentado pela alta sociedade paulistana. Além do serviço de restaurante e bar, suas dependências abrigavam exposições e projeções de filmes.

Reportagens

¹ Luigi Barzini (1874-1947), jornalista italiano, trabalhou no *Corriere della Sera*, *Corriere d'America* e *Mattino*. Em 1934 foi nomeado senador e comprometeu-se com o regime fascista.

² O jornal diário parisiense *Le Matin* foi fundado em 1896 por um grupo de jornalistas americanos. Além de romper o monopólio da Agência Havas, adquirindo os direitos de despachos da empresa britânica *The Times* (1898), foi o primeiro jornal a adotar o enfoque na informação, com grande número de notícias internacionais e locais.

³ *Le Figaro* é um jornal diário parisiense de orientação conservadora. Fundado em 1826, era originalmente um semanário satírico cujo nome foi inspirado na peça de Beaumarchais, *O barbeiro de Sevilha*. A partir de 1866 passou a ser editado diariamente e teve entre seus colaboradores Émile Zola, Alphonse Karr e Albert Wolff.

⁴ Jornal diário, ilustrado, editado em Paris no período de 1910 a 1940.

⁵ Afonso Schmidt (1890-1964) foi jornalista, poeta, romancista, biógrafo e memorialista. Estreou como redator do *Commercio de S. Paulo*, trabalhou na *Voz do Povo* (RJ) e depois em periódicos paulistas, como *Folha da Noite* e *O Estado de S. Paulo*. Publicou, entre outros, *O dragão e as virgens* (novela, 1926), *Zanzalás* (novela, 1938), *A marcha* (romance, 1941) e *Colônia Cecília* (romance, 1942).

⁶ Nome dado ao assassinato do comerciante sírio Elias Farah pelo sócio Miguel Trad, acontecido em 1908, na cidade de São Paulo. Depois de enforcá-lo, Trad colocou o corpo numa mala que foi embarcada no porto de Santos com destino a Bordeaux (França). Todavia, a farsa foi desmascarada no porto do Rio de Janeiro.

⁷ Arthur Rudge da Silva Ramos (1875-1941), formado em Direito pela Faculdade de São Paulo, foi delegado de polícia e diretor do Serviço de Trânsito de São Paulo.

⁸ Variação de diabolô. Brinquedo que consiste em um cordel amarrado pelas pontas a duas varas, que servem de cabo, sobre o qual desliza um carretel.

⁹ Jornal paulistano publicado em língua italiana; começou a circular em 1894.

Carta de Mário de Andrade

[1] Coração, em francês.

[2] Do inglês, *cooncan*. Jogo de cartas de origem mexicana, em que os participantes têm de formar seqüências para se desembaraçarem, com estas, das cartas que têm nas mãos.

Valdomiro Silveira

[1] Plínio Barreto (1882-1958) formou-se em Direito pela Faculdade de São Paulo. Foi advogado, político e jornalista. Além do *Commercio de S. Paulo*, trabalhou no *Estado de S. Paulo* como membro da redação (1900-1927) e depois como diretor (1927-1942).

[2] Valdomiro Silveira (1873-1941) formou-se em Direito pela Faculdade de São Paulo. Foi advogado, político, jornalista e escritor. É tido como um precursor do regionalismo, procurou incorporar na sua prosa de ficção o folclore, a descrição da natureza, as expressões lingüísticas e o coloquialismo do sertanejo paulista. Publicou, entre outros, *Os caboclos* (1920), *Nas serras e furnas* (1931) e *Mixuangos* (1937).

Piolin

[1] Abelardo Pinto (1887-1973). Seu apelido foi dado por alguns espanhóis, quando ainda era jovem, e quer dizer "magro como um barbante". Trabalhou em circo desde pequeno, era cômico, acrobata, ginasta e equilibrista. Foi homenageado por intelectuais, escritores e artistas como Mário de Andrade, Tarsila do Amaral, Anita Malfati e Guilherme de Almeida, entre outros.

Bibliografia

ALAMBERT, Francisco. *A Semana de 22*: a aventura modernista no Brasil. São Paulo, Scipione, 1993.

AMARAL, Aracy A. *Artes plásticas na Semana de 22*. 5. ed. rev. e ampl. São Paulo, Editora 34, 1998.

ANDRADE, Mário de. *Obra imatura*. 2. ed. São Paulo/Brasília, Martins/INL, 1972.

_____. *Poesias completas*. Ed. crítica de Diléa Z. Manfio. São Paulo/Belo Horizonte, Edusp/Itatiaia, 1987.

ANDRADE, Oswald de. *Do pau-brasil à antropofagia e às utopias*. 2. ed. Rio de Janeiro, Civilização Brasileira, 1978.

BARREIRINHAS, Yoshie Sakiyama (Introd., Sel., Org.). *Menotti del Picchia*: o gedeão do modernismo. Rio de Janeiro, Civilização Brasileira, 1983.

BATISTA, Marta Rossetti; LOPEZ, Telê Porto Ancona; LIMA, Yone Soares. *Brasil*: 1º tempo modernista – 1917/29. São Paulo, IEB-USP, 1972.

BECCARI, Vera d'Horta. *Lasar Segall e o modernismo paulista*. São Paulo, Brasiliense, 1984.

BELLUZZO, Ana Maria de M. *Voltolino e as raízes do modernismo*. São Paulo, Marco Zero, 1992.

BLOM, Eric. *The New Everyman Dictionary of Music*. 6. ed. New York, Grove Weldenfeld, 1988.

BOAVENTURA, Maria Eugenia. *O salão e a selva*. Campinas/São Paulo, Unicamp/Ex-Libris, 1995.

BREFE, Ana Claudia Fonseca. *O museu paulista*: Affonso de Taunay e a memória nacional. São Paulo, Unesp, 2005.

BRITO, Mário da Silva. *Cartola de mágico*. Rio de Janeiro, Civilização Brasileira, 1976.

_____. *História do modernismo brasileiro*. 5. ed. Rio de Janeiro, Civilização Brasileira, 1978.

CARELLI, Mario. *Carcamanos e comendadores*. São Paulo, Ática, 1985.

COUTINHO, Afrânio (Dir.). *Enciclopédia de literatura brasileira*. 2. ed. Brasília, FAE, 1995.

DEMOUGIN, Jacques (Dir.). *Dictionnaire de la littérature française et francophone*. Paris, Librairie Larousse, 1987.

DIMAS, Antonio (Org.). *Bilac, o jornalista*. 3 v., São Paulo/Campinas, Edusp/Unicamp/Imesp, 2006.

FABRIS, Annateresa. *O futurismo paulista*. São Paulo, Perspectiva/Edusp/Fapesp, 1994.

FERREIRA, Antonio Celso. *A epopéia bandeirante*. São Paulo, Unesp, 2002.

GUASTINI, Mário. *A hora futurista que passou*. São Paulo, Mayença, 1926.

_____. *Na caravana da vida*. São Paulo, Ponguetti, 1939.

_____. *Tempos idos e vividos*. São Paulo, Universitária, 1944.

MARCONI, Guglielmo (Pres.). *Enciclopedia italiana*. Milano, Rizzoli, 1934.

MARINETTI, Filippo Tommaso. *Futurist cookbook*: la cucina futurista. San Francisco, Bedford Arts, 1989.

MARTINS, Ana Luiza. *Revistas em revista*. São Paulo, Edusp/Fapesp/Imprensa Oficial, 2001.

MELO, Luis Correa de. *Dicionário de autores paulistas*. São Paulo, Comissão do IV Centenário da Cidade de São Paulo, 1954.

MENEZES, Raimundo de. *Dicionário literário brasileiro*. 2. ed. Rio de Janeiro/São Paulo, LTC, 1978.

MORAES, Marcos Antônio de (Org.). *Coelho Neto*: às quintas. São Paulo, Martins Fontes, 2006.

_____. *Correspondência Mário de Andrade e Manuel Bandeira*. São Paulo, Edusp/IEB, 2000.

MORAES, Rubens Borba de. *Domingo dos séculos*. São Paulo, Oficina do Livro/Giordano/Imprensa Oficial, 2001.

NOVAES, Adauto (Coord.). *Cultura brasileira*: tradição/contradição. Rio de Janeiro, Jorge Zahar, 1987.

PALLA, Marco. *A Itália fascista*. São Paulo, Ática, 1996.

PASSIANI, Enio. *Na trilha do Jeca*: Monteiro Lobato e a formação do campo literário no Brasil. Bauru, Edusc/Anpocs, 2003.

PERLOFF, Marjorie. *O momento futurista*. São Paulo, Edusp, 1993.

PRADO, Antonio Arnoni (Org.). *Sérgio Buarque de Holanda*: o espírito e a letra. São Paulo, Companhia das Letras, 1996. v.1.

REY-DEBOVE, Josette; REY, Alain (Dir.). *Le nouveau petit Robert*: dictionnaire alphabétique et analogique de la langue française. Paris, Dic. Le Robert, 1993.

REZENDE, Beatriz; VALENÇA, Rachel. *Lima Barreto*: toda crônica. Rio de Janeiro, Agir, 2004. 2 v.

ROCHA, João Cezar de Castro. O Brasil mítico de Marinetti. *Folha de S.Paulo*. São Paulo, 12/5/2002, p. 4-11. Caderno Mais!

RODRIGUES, Gonzaga. *José Maria dos Santos*. João Pessoa, A União, 2000. (Col. Paraíba Nomes do Século — Série Histórica.)

ROSA, Alberto Asar. *Dizionario della letteratura italiana del novecento*. Milano, Einaudi, 1992.

SALIBA, Elias Thomé. *Raízes do riso*. São Paulo, Companhia das Letras, 2002.

SANTIAGO, Silviano. *Nas malhas da letra*. São Paulo, Companhia das Letras, 1989.

SCHAPOCHNIK, Nelson (Org.). *João do Rio*: um dândi na Cafelândia. São Paulo, Boitempo, 2004. (Col. Paulicéia).

SEVCENKO, Nicolau. *Orfeu extático na metrópole*. São Paulo, Companhia das Letras, 1992.

SIMIONI, Ana Paula Cavalcanti. *Di Cavalcanti ilustrador*: trajetória de um jovem artista gráfico na imprensa (1914-1922). São Paulo, Sumaré/Fapesp, 2002.

SUSSEKIND, Flora. *Papéis colados*. Rio de Janeiro, UERJ, 1993.

TELES, Gilberto Mendonça (Org.). *Vanguarda européia e modernismo brasileiro*. 7. ed. Petrópolis, Vozes, 1983.

VELLOSO, Mônica Pimenta. *Modernismo no Rio de Janeiro*. Rio de Janeiro, FGV, 1996.

Créditos dos textos

De *A hora futurista que passou* (São Paulo, Mayença, 1926):
"Prefácio", p. 5-10
"Paralisia geral", p. 13-9
"Disparates", p. 21-7
"Alucinação visual", p. 29-33
"Grito oportuno", p. 35-8
"Uma conferência", p. 39-41
"*Blague*", p. 43-5
"Sinceridade", p. 47-51
"*Pau-Brasil*", p. 53-8
"*Chuva de pedra*", p. 59-65
"Autógrafo quinhentista", p. 67-72
"Uma carta de Anchieta", p. 73-6
"O passado e o futuro", p. 77-9
"*Pathé-Baby*", p. 81-8
"Respondendo à chamada", p. 89-95
"Atordoamento", p. 97-101
"O que há e o que houve", p. 103-6
"Cultuando o passado", p. 107-13
"Galantarias... futuristas", p. 115-8
"Deixemos Marinetti falar", p. 119-23
"Marinetti falou", p. 125-30
"Regressando ao passado", p. 131-6
"Futurismo elástico", p. 137-41
"É futurista: quem quer abolir o papado", p. 143-8
"Michelangelo e... Boccioni", p. 149-55
"Michelangelo futurista", p. 157-60

De *Na caravana da vida* (Rio de Janeiro, Irmãos Pongetti, 1939):
"Coelho Neto", p. 9-17
"*Brás, Bexiga e Barra Funda*", p. 35-40
"João do Rio", p. 125-30
"Dois teatrólogos", p. 169-75
"Brecheret", p. 231-6

De *Tempos idos e vividos* (São Paulo, Universitária, 1944):
"Noitada de jornalistas", p. 92-5
"Reportagens", p. 96-100
"Carta de Mário de Andrade", p. 150-1
"Valdomiro Silveira", p. 207-9
"Piolin", p. 260

Créditos das imagens

Agência Estado: p. 25, 52.

Arquivo Público do Estado de São Paulo: p.120, 136, 148.

Benedito Lima de Toledo, *Álbum iconográfico da avenida Paulista* (São Paulo, Ex Libris/ João Fortes Engenharia, 1987, p. 42 e 77): p. 84, 158-9.

Brecheret 100 anos (Rio de Janeiro, Centro Cultural Banco do Brasil, 1994, não pag.): p.182.

Coleção *Nosso Século*, v. 2 (São Paulo, Abril Cultural, 1980, p.191 e 186): p. 80, 204.

Instituto de Estudos Brasileiros (IEB–USP): p. 1, 32, 44, 58, 68, 74, 88, 96, 102, 130.

Fundação Schapochnik: p.187, 194.

José Sebastião Witter e Heloisa Barbuy (orgs.), *Museu Paulista: um monumento no Ipiranga: história de um edifício centenário e de sua recuperação* (São Paulo, Fiesp/Ciesp/Sesi/Senai/IRS, 1997, p. 322): p. 110.

Maria Eugênia Boaventura, *O salão e a selva: uma biografia ilustrada de Oswald de Andrade* (São Paulo/Campinas, Ex Libris/Ed. Unicamp, 1995, p. 106 e 35): p. 38, 176.

Marjorie Perloff, *O momento futurista* (São Paulo, Edusp, 1993, p. 299): p. 142.

Este livro foi composto em Rotis Serif, corpo 11/13,2,
e impresso na gráfica Assahi em papel Starmax Matte 90g
para a Boitempo Editorial, em novembro-dezembro de 2006,
com tiragem de 2 mil exemplares.